Nase vorn!

Mathematik

4

Einstiegsbuch

Erarbeitet von

Alexandra Freytag

Anna Harrich-Voßen

Gesa Hochscherff

Jule Johnen

Uwe Nienhaus

Anna Pöllinger-Miebach

Illustriert von

Friederike Ablang

Antje Hagemann

Josephine Wolff

Cornelsen

Inhalt

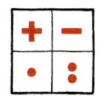

Große Mengen

Wie kannst du das Ergebnis schnell überprüfen?

Nach Nr. **2** folgt eine Zwischenreflexion: Thematisierung Zehner-/Hunderter-/Tausenderbündel.
Schritt **3** und **4** zunächst abdecken.

Million, Hundert-/Zehntausender 📖 A S.24–25

Wie heißen die Zahlen?

M	HT	ZT	T	H	Z	E
						1
					1	0
				1	0	0
			1	0	0	0
		1	0	0	0	0
	1	0	0	0	0	0
1	0	0	0	0	0	0

eins
zehn
einhundert
eintausend
zehntausend
hunderttausend
eine Million

1.

200
2 000
200 000

2.

zweihundert
zweitausend
zweihunderttausend

200
2 000
200 000

3.

M	HT	ZT	T	H	Z	E
				2	0	0
			2	0	0	0
		2	0	0	0	0

4. Was fällt mir an den Stufenzahlen auf?

Wie unterscheiden sich die Zahlen? Warum gehören diese Zahlen zusammen?

A S. 26–29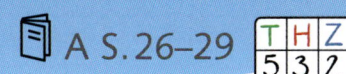

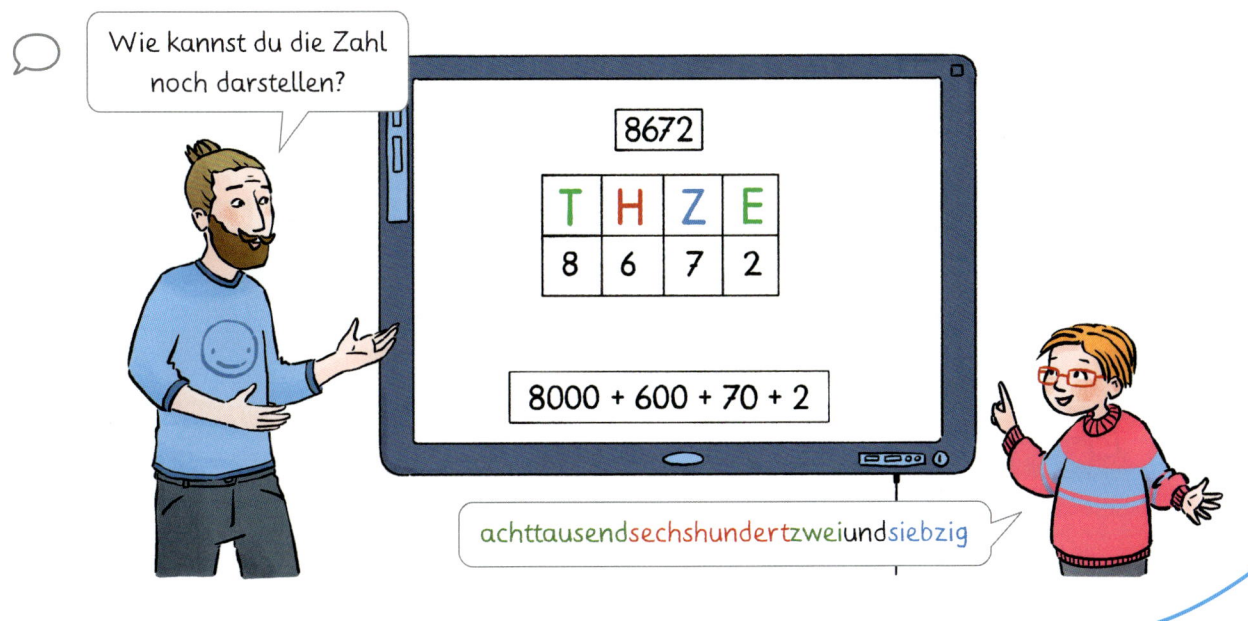

1.

2. Ich erstelle Quartettkarten.

3.

4.

Passen die verschiedenen Zahldarstellungen zusammen?

1.–4. Stationsarbeit.

1. 5213 — Meine Startzahl.

2. Wie finde ich alle Zahlen?

5123   43 13

3. Ich sortiere nach der Größe.

T H Z E	T H Z E	T H Z E
6212	6203	6113

4.
T H Z E
6212
6203
6113

(?!) Welche Zahlen können entstehen, wenn du ein Plättchen verschiebst?

Beim Verschieben immer von der Startzahl ausgehen.

Kleiner, größer, gleich

A S. 32–33

T	H	Z	E
5	3	2	4

Verschiebe 1 ●.
Vergleiche beide Zahlen.
Setze <, > oder =.

1.

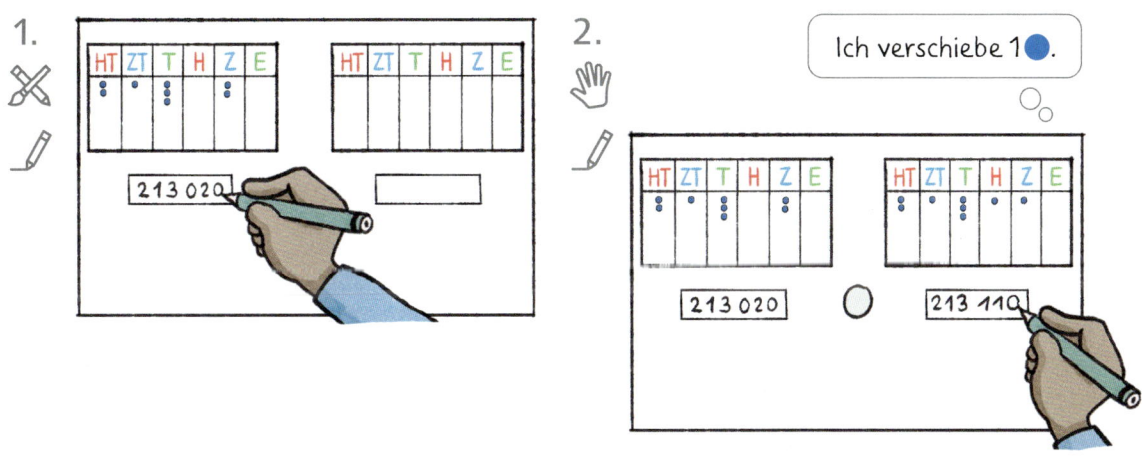

2.

Ich verschiebe 1 ●.

3.

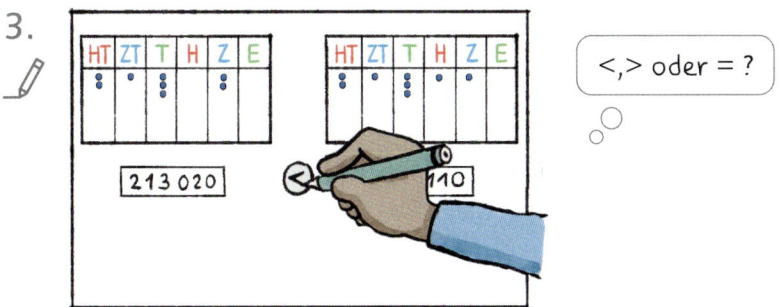

<, > oder = ?

Wie muss ich das Plättchen verschieben, damit eine Zahl größer/kleiner wird?

Woher weißt du, dass die Zahl … an diese Stelle gehört?

Der Zahlenstrahl (II)

Finde die Mitte zwischen 300 000 und 600 000.

200 000 300 000 400 000 500 000 600 000 700 000 800 000

Die Mitte ist 450 000.

1. Finde die Mitte zwischen 220 000 und 260 000.

2. Wie kann ich die Mitte zwischen zwei Zahlen finden?

3.

220 000 [   ] 260 000

Die Mitte ist 240 000.

Wie bist du vorgegangen?

?! Wie groß ist der Abstand zwischen beiden Zahlen?
Wie groß ist die Hälfte des Abstandes?

Nachbarzahlen

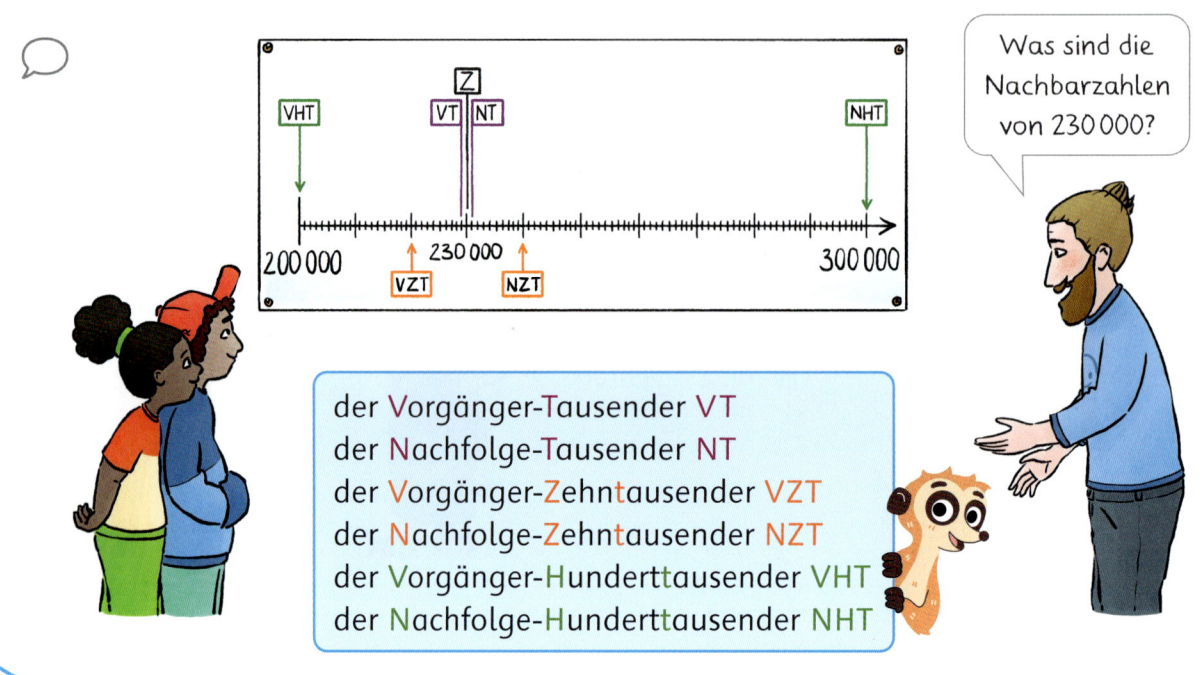

der Vorgänger-Tausender VT
der Nachfolge-Tausender NT
der Vorgänger-Zehntausender VZT
der Nachfolge-Zehntausender NZT
der Vorgänger-Hunderttausender VHT
der Nachfolge-Hunderttausender NHT

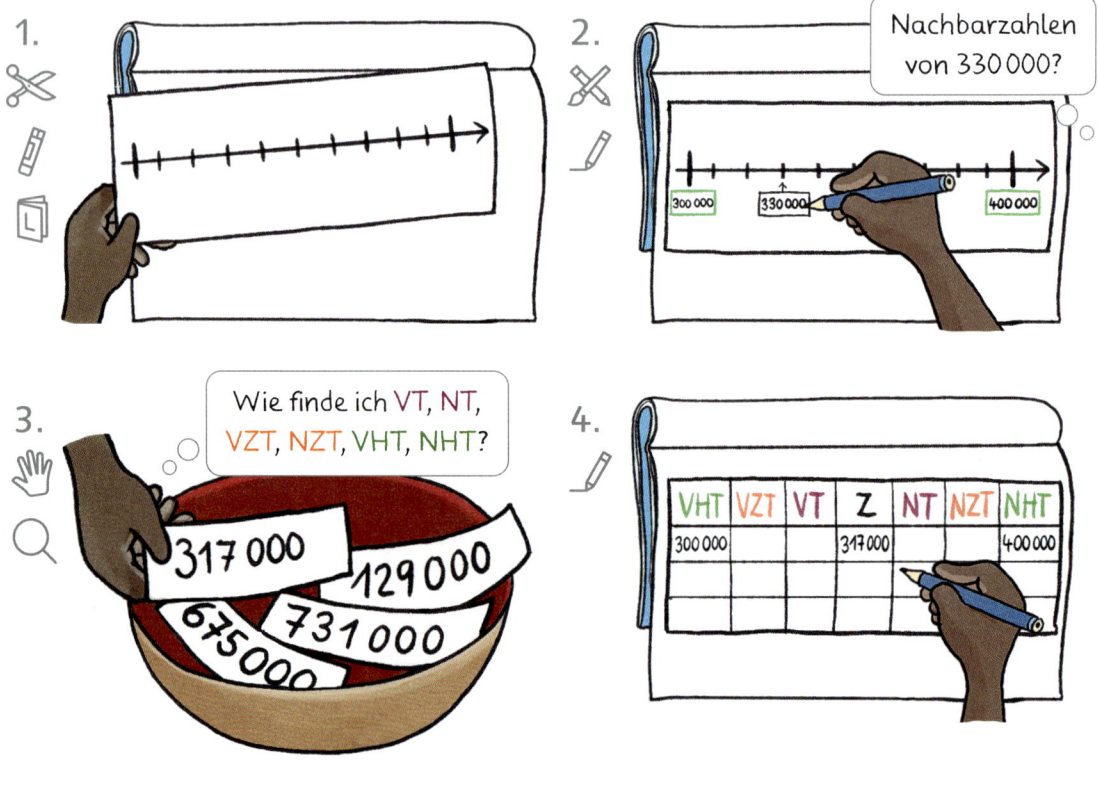

?! Wie findest du die Nachbarzahlen?

Würfelgebäude und Baupläne

A S. 40–41

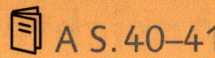

Wir bauen Würfelgebäude nach einem Bauplan.

Ich muss die Bauregeln beachten.

Die Würfel stehen
– ohne Lücken.
– Fläche an Fläche.
– Kante an Kante.

1.  STATION 1 Würfelgebäude zu Bauplan bauen — STATION 2 Bauplan zu Würfelgebäude zeichnen

2. STATION 2 Bauplan zu Würfelgebäude zeichnen

3.

4. STATION 4 Würfelgebäude mit 8 Würfeln

Passen die Baupläne zu den Würfelgebäuden?
Hast du eine Strategie, um alle Würfelgebäude zu x Bausteinen zu finden?

 1.–4. Stationsarbeit.

Welche Würfelgebäude passen zu dieser Seitenansicht?

Wie viele Würfel können dahinter versteckt sein?

Die Ansicht zeigt 3–2–3 Würfel.

1.

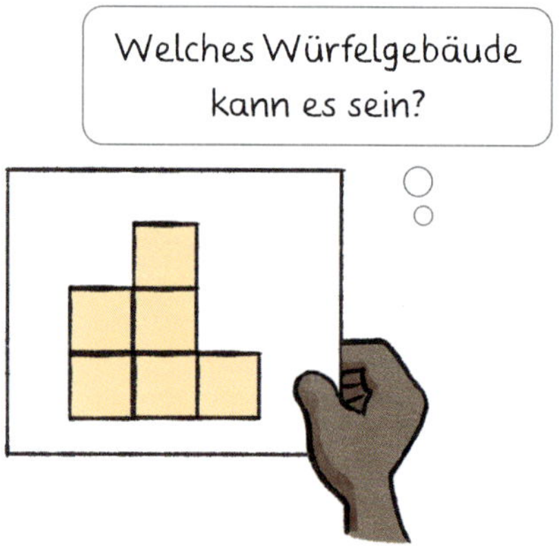

Welches Würfelgebäude kann es sein?

2.

Ich baue.

3.

Ich schreibe den Plan.

| 2 | 2 | 1 |
| 2 | 3 | 1 |

4.

Welchen Bauplan hast du gefunden?

| 2 | 2 | 1 |
| 2 | 3 | 1 |

| 2 | 1 |
| 2 | 3 | 1 |

 Findest du alle möglichen Würfelgebäude, die zu der Seitenansicht passen?

Schrägbilder zeichnen

A S. 44–45

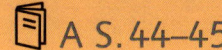

Im Schrägbild sind die schrägen Kanten verkürzt.

Ich zeichne nur die sichtbaren Kanten.

das Schrägbild

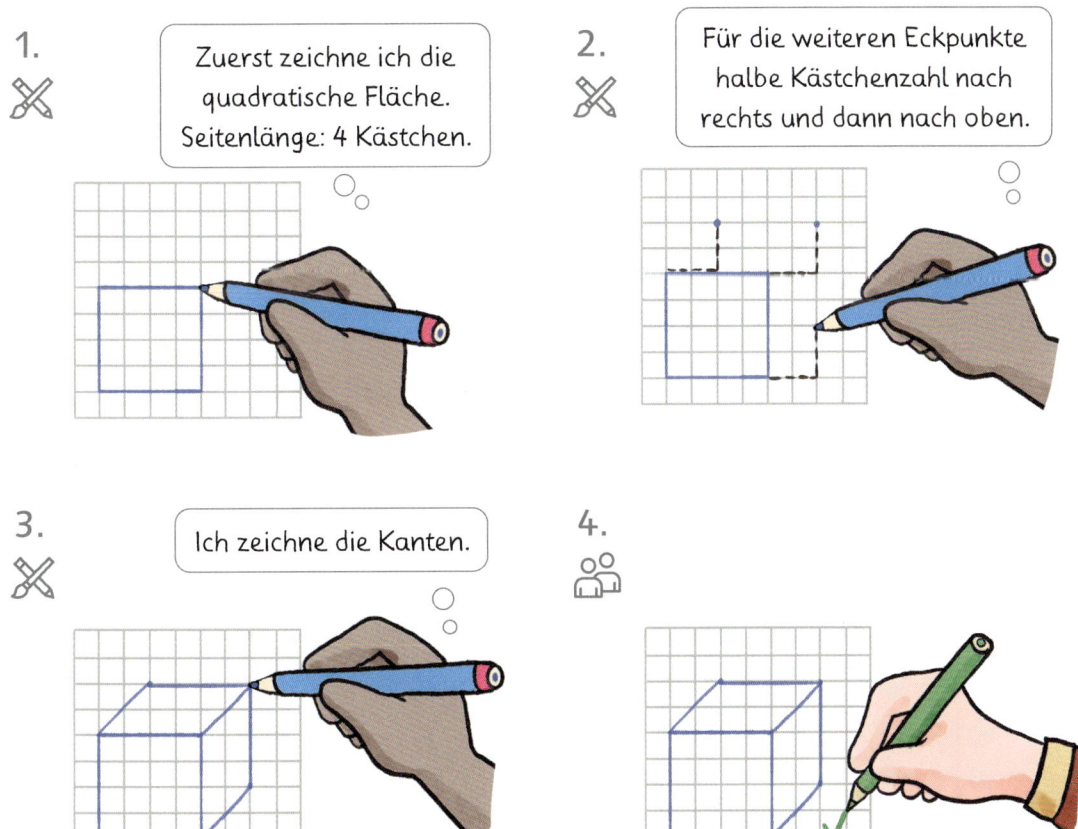

1.

Zuerst zeichne ich die quadratische Fläche. Seitenlänge: 4 Kästchen.

2.

Für die weiteren Eckpunkte halbe Kästchenzahl nach rechts und dann nach oben.

3.

Ich zeichne die Kanten.

4.

Was fällt dir leicht/schwer beim Zeichnen von Schrägbildern? Hast du Tipps?

$$1\,132 \quad + \quad 124 \quad = \quad 1\,256$$
1. Summand   2. Summand   Summe

1.

2.

Warum leicht?
Warum schwer?

schwer   leicht

2000 + 3 =

3.

leicht

2000 + 3 = 2

 Warum ist diese Aufgabe leicht für dich?

Hast du Tipps?

Eine Liste leichter und schwerer Aufgaben präsentieren.
2. Alternative: Die SuS kleben die Aufgabenkarte ins LTB.

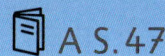 

Welche Aufgaben passen zusammen?

56 + 3   356 + 3   482 + 7   891 356 + 3   82 + 7   13 482 + 7

---

1. Ich sortiere.

56+3 = ___   82+7 = ___

356+3 = ___   482+7 = ___

891356+3 = ___   13 482 + 7 = ___

2.

56+3 = 59

356+3 = ___

891 356+3 = ___

Ich markiere und löse.

3. Eine Aufgabe ergänzen.

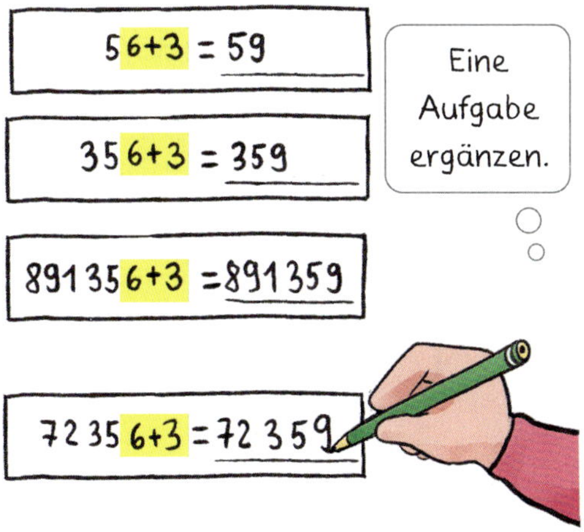

56+3 = 59

356+3 = 359

891 356+3 = 891 359

72 35 6+3 = 72 3 59

4.

56+3 = 59

356+3 = 359

72 35 6+3 = 72 359

891 356+3 = 891 359

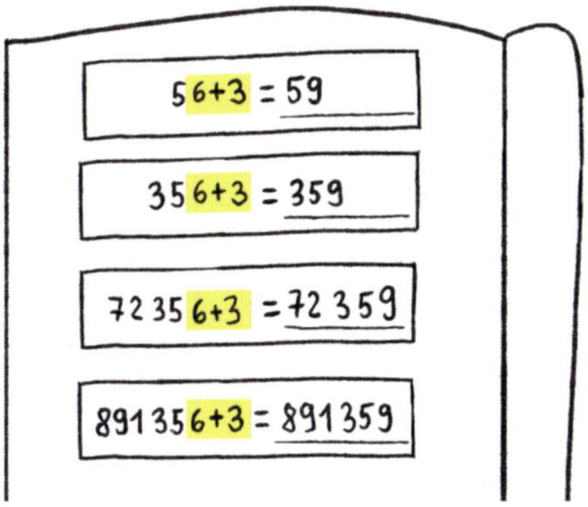

?! Bei welchen Aufgaben hilft dir ?

Aufgabenkarten aus der 1. Stunde verwenden. **4.** Partnerkontrolle vor dem Einkleben.

17

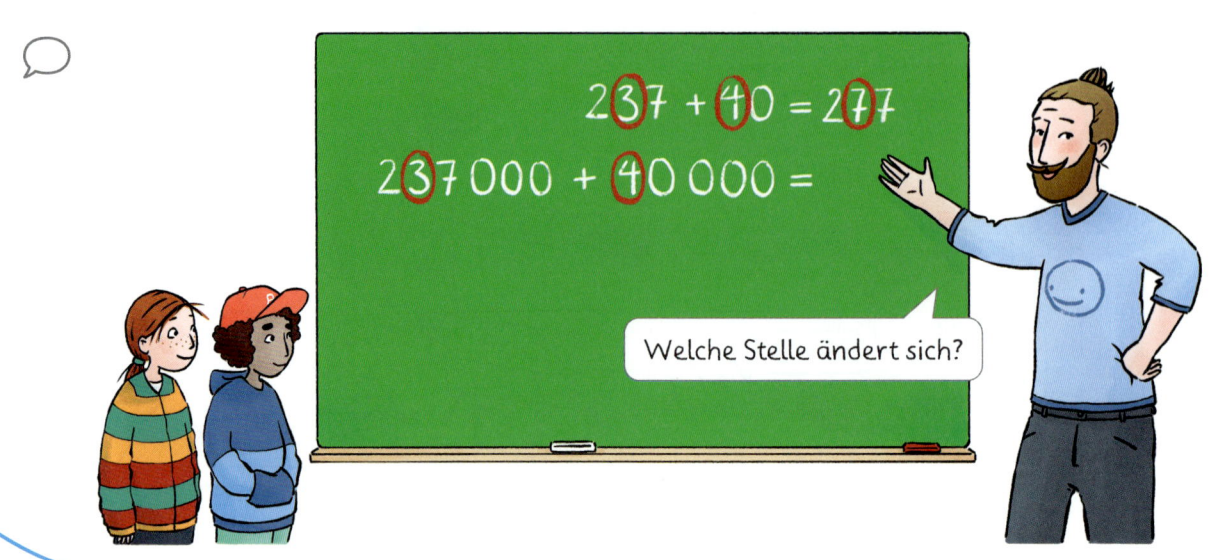

$237 + 40 = 277$

$237\,000 + 40\,000 =$

Welche Stelle ändert sich?

1. $38\,725 + 50\,000$

2. $38\,725 + 50\,000$

$3\,8\,7\,2\,5 + 5\,0\,0\,0\,0 = 8\,8\,7\,2\,5$

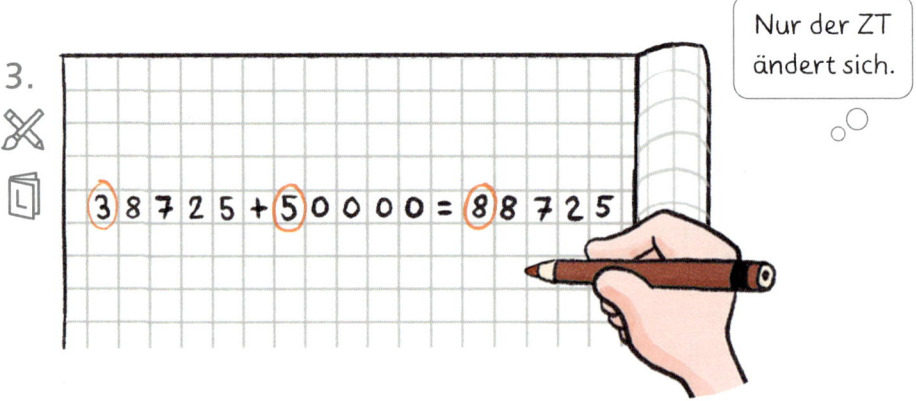

3. $3\,8\,7\,2\,5 + 5\,0\,0\,0\,0 = 8\,8\,7\,2\,5$

Nur der ZT ändert sich.

Welche Stelle musst du bei dieser Aufgabe besonders beachten?

Bis zur Nachbarzahl

 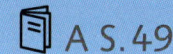 

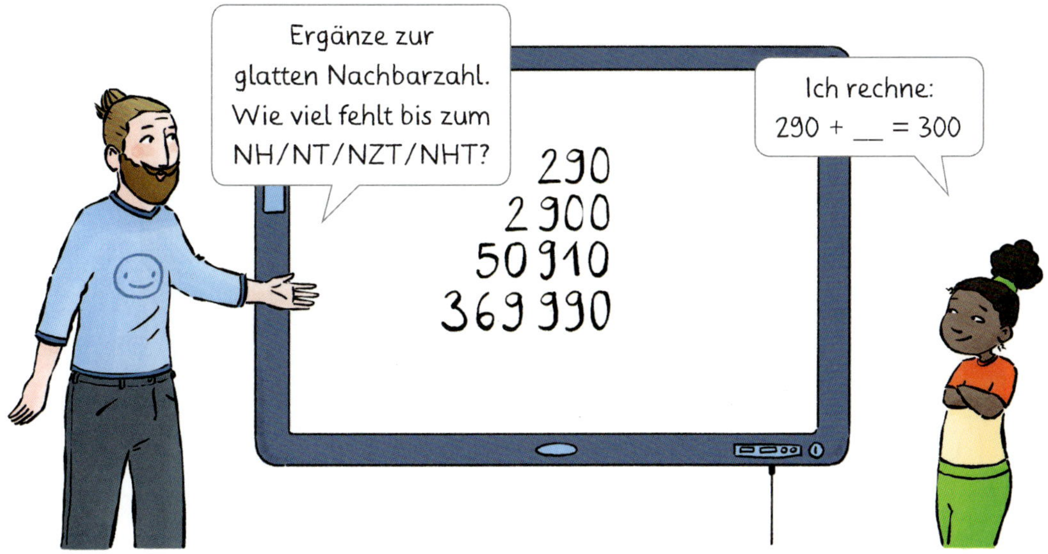

Ergänze zur glatten Nachbarzahl. Wie viel fehlt bis zum NH/NT/NZT/NHT?

290
2900
50910
369990

Ich rechne:
290 + __ = 300

1.

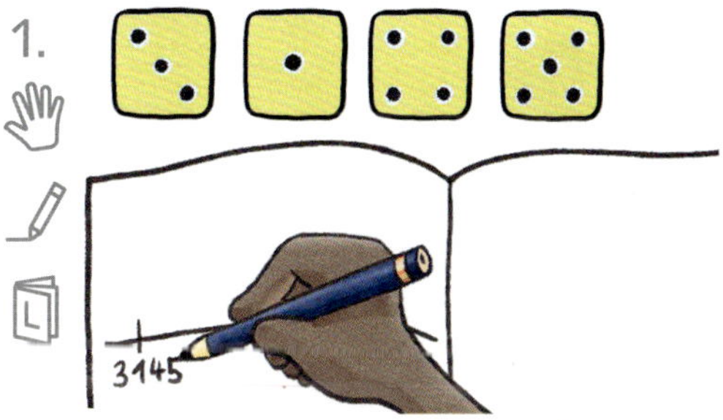

3145

2. Wie viel fehlt zum NT?

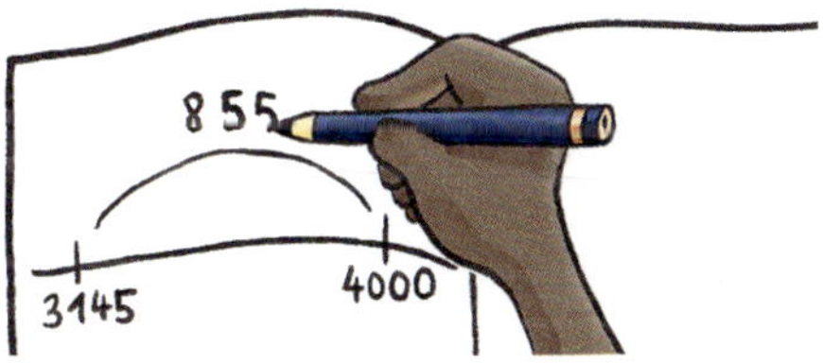

8 5 5

3145   4000

3.

8 5 5

3145   4000

3145 + 855 = 4000

?! Wie hast du den Nachfolge-Tausender/-Zehntausender/-Hunderttausender gefunden?

Ich addiere zu glatten Zahlen.

6 000 + 143 =

1.

Der 1. Summand ist 13 000.

2.

Der 2. Summand ist 531.

3.

13 0 0 0 + 5 3 1 =

4.
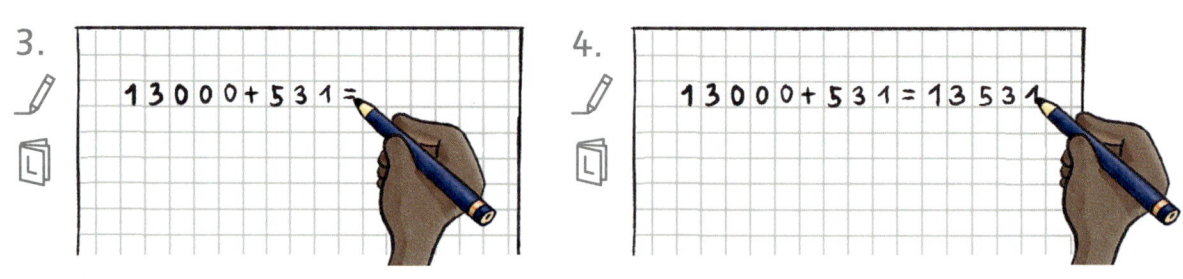

13 0 0 0 + 5 3 1 = 13 5 3 1

 Wie hast du gerechnet? Was fällt dir auf?

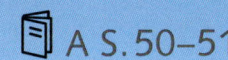
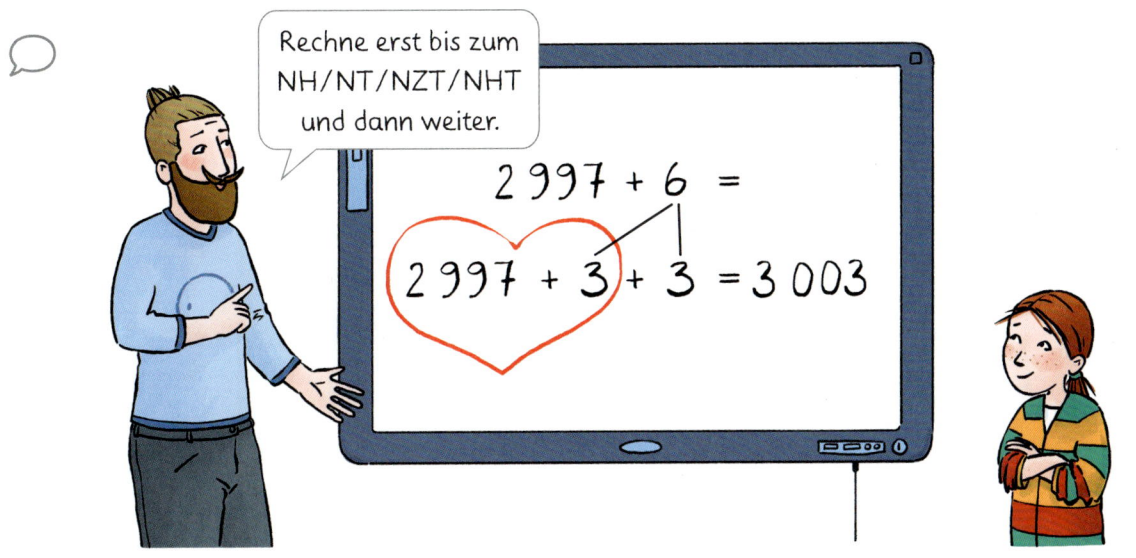

Kannst du die Aufgaben im Kopf lösen?

PA: Rollenwechsel vor dem nächsten Durchgang.

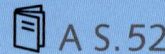
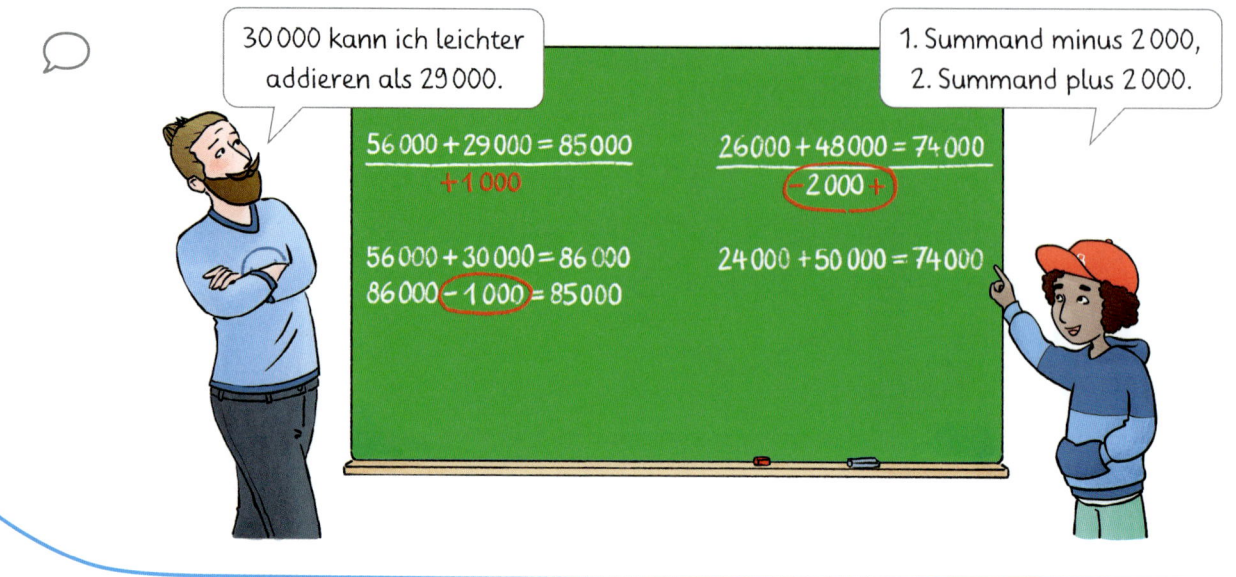

1.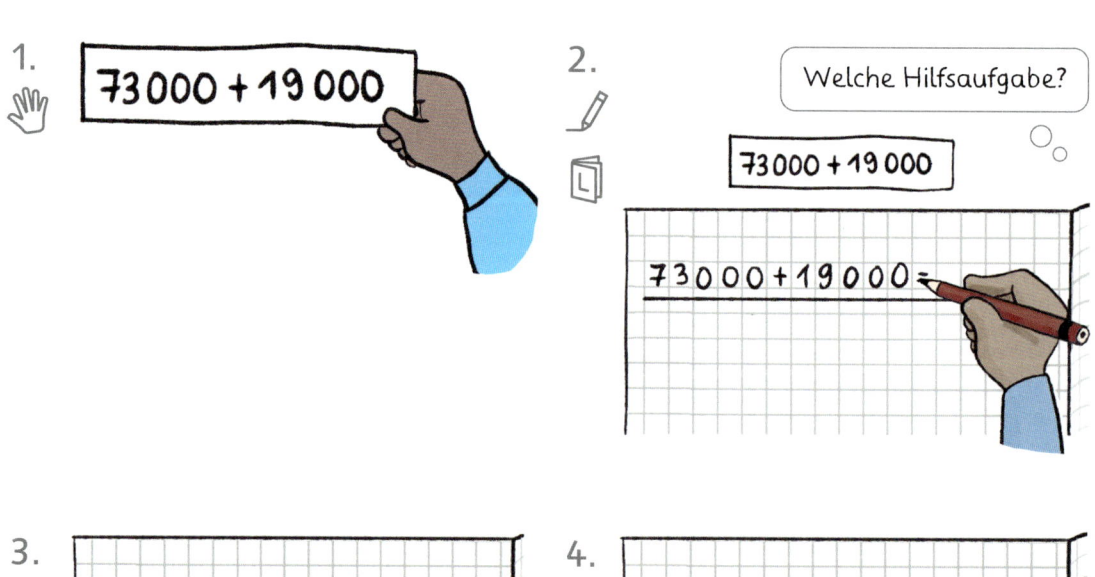

2. Welche Hilfsaufgabe?

$73\,000 + 19\,000$

$73\,000 + 19\,000 =$

3.

$73\,000 + 19\,000 =$
$73\,000 + 20\,000 = 93\,000$

4.

$73\,000 + 19\,000 = 92\,000$
$73\,000 + 20\,000 = 93\,000$
$93\,000 - 1\,000 = 92\,000$

 Bei welchen Aufgaben hilft dir ?

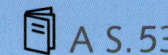

Erinnere dich an $\begin{smallmatrix}H+H\\Z+Z\\E+E\end{smallmatrix}$ und ⌒.
Wie rechnest du?

7421+1346

$\begin{smallmatrix}H+H\\Z+Z\\E+E\end{smallmatrix}$

7421+1346=8767
7000+1000=8000
400+ 300= 700
20+ 40= 60
1+ 6= 7

8000+700+60+7=8767

7421+1346=8767
7421+1000=8421
8421+ 300=8721
8721+ 40=8761
8761+ 6=8767

1.

3471 + 5385

Wie rechne ich –
$\begin{smallmatrix}H+H\\Z+Z\\E+E\end{smallmatrix}$ oder ⌒?

2.

3 4 7 1 + 5 3 8 5 = 8 8 5 6

3000 + 5000 = 8000
400 + 300 = 700
70 + 80 = 150
1 + 5 = 6

8000 + 700 + 150 + 6 = 8856

$\begin{smallmatrix}H+H\\Z+Z\\E+E\end{smallmatrix}$

Ich rechne stellenweise.

Bei welchen Aufgaben hilft dir $\begin{smallmatrix}H+H\\Z+Z\\E+E\end{smallmatrix}$? Bei welchen ⌒?

Addiere stellenweise und beginne mit den Einern.

1.

524 871 + 293 122

2.

$$
\begin{array}{r}
5\ 2\ 4\ 8\ 7\ 1 \\
+\ 2\ 9\ 3\ 1\ 2\ 2 \\
\hline
\end{array}
$$

3.

Achtung Übertrag! Ich wechsle 10 ZT in 1 HT.

Bei welchen Aufgaben hilft dir +/— ?

24

Im Kopf oder schriftlich?

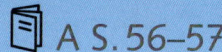

Welche Aufgaben rechnest du im Kopf? Welche schriftlich? Warum?

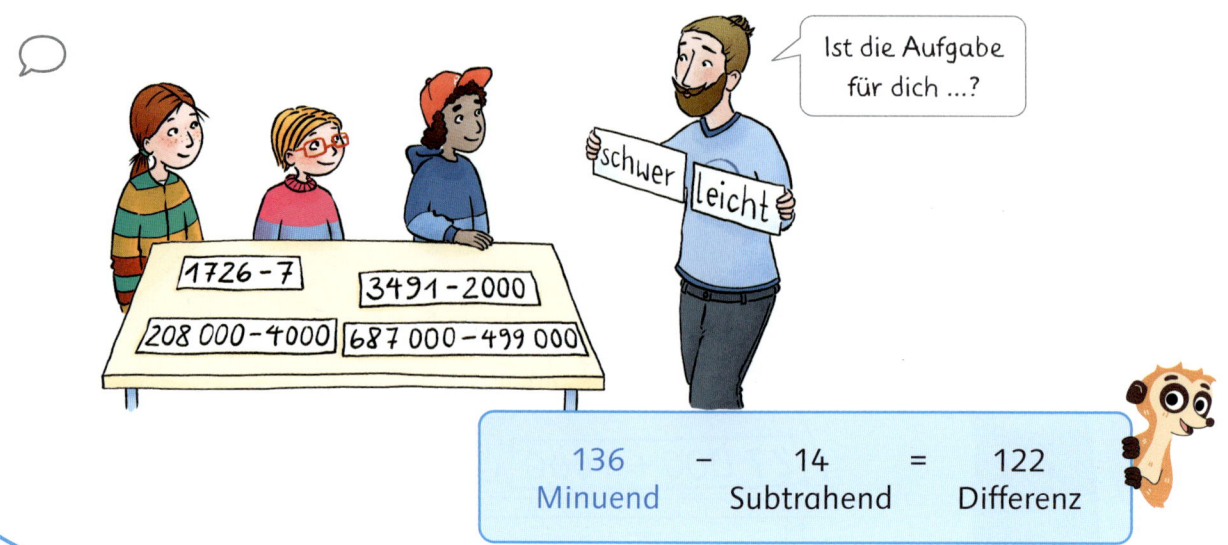

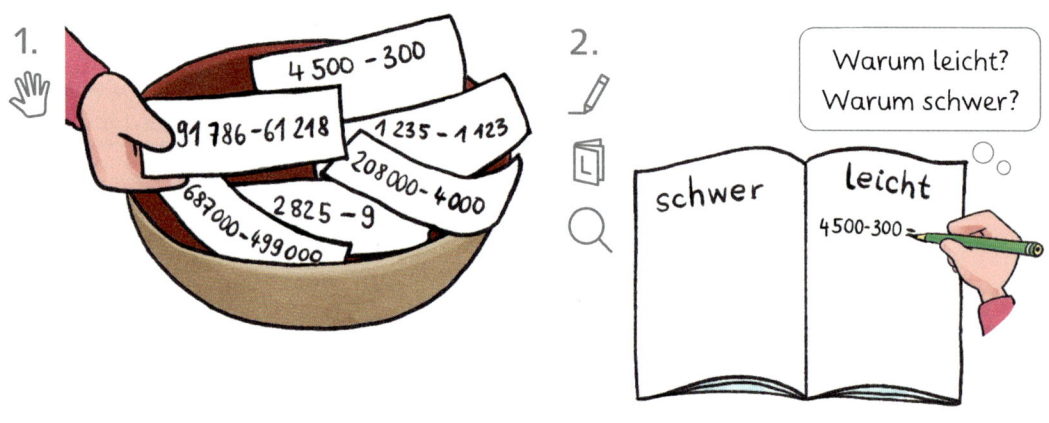

Eine Liste leichter und schwerer Aufgaben präsentieren.
2. Alternative: Die SuS kleben die Aufgabenkarte ins LTB.

 Warum ist diese Aufgabe leicht für dich?
Hast du Tipps?

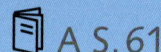

1.

Ich sortiere.

67 – 3 = ___   89 – 7 = ___

367 – 3 = ___   489 – 7 = ___

891 367 – 3 = ___   13 489 – 7 = ___

2.

67 – 3 = 64

367 – 3 = ___

891 367 – 3 = ___

Ich markiere und löse.

3.

67 – 3 = 64

367 – 3 = 364

891 367 – 3 = 891 364

91 367 – 3 = 91 364

Eine Aufgabe ergänzen.

4.

67 – 3 = 64

367 – 3 = 364

91 367 – 3 = 91 364

891 367 – 3 = 891 364

 Bei welchen Aufgaben hilft dir ?

Aufgabenkarten aus der 1. Stunde verwenden. **4.** Partnerkontrolle vor dem Einkleben.

Eine Stelle ändert sich

1.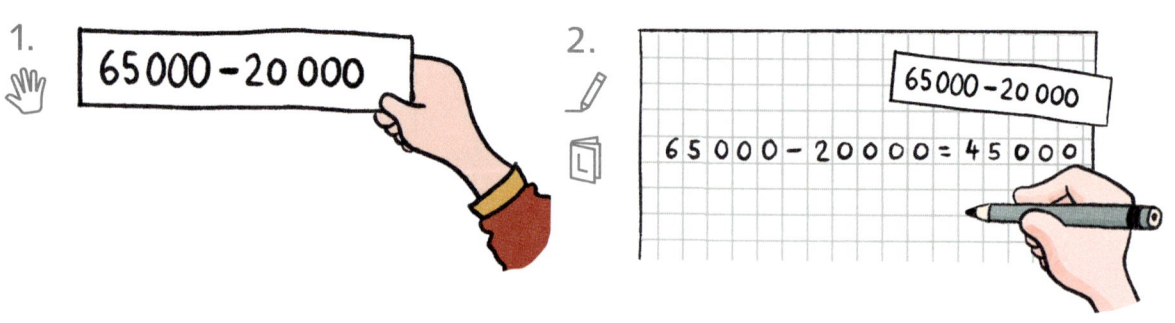

2.

3.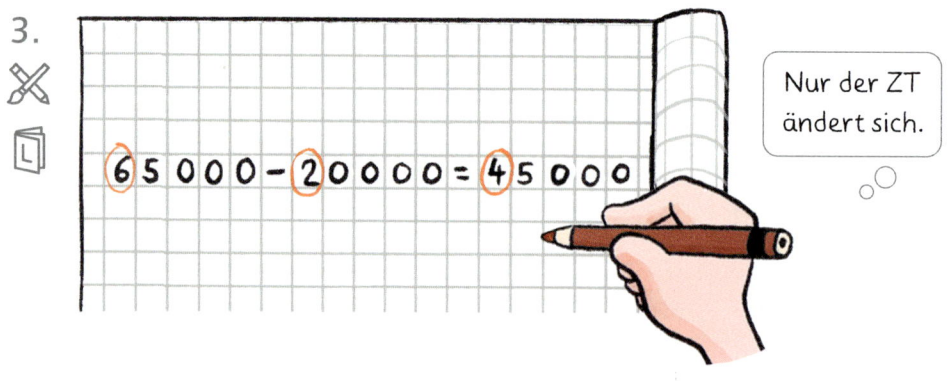

Nur der ZT ändert sich.

Welche Stelle musst du bei dieser Aufgabe besonders beachten?

Bis zur Nachbarzahl

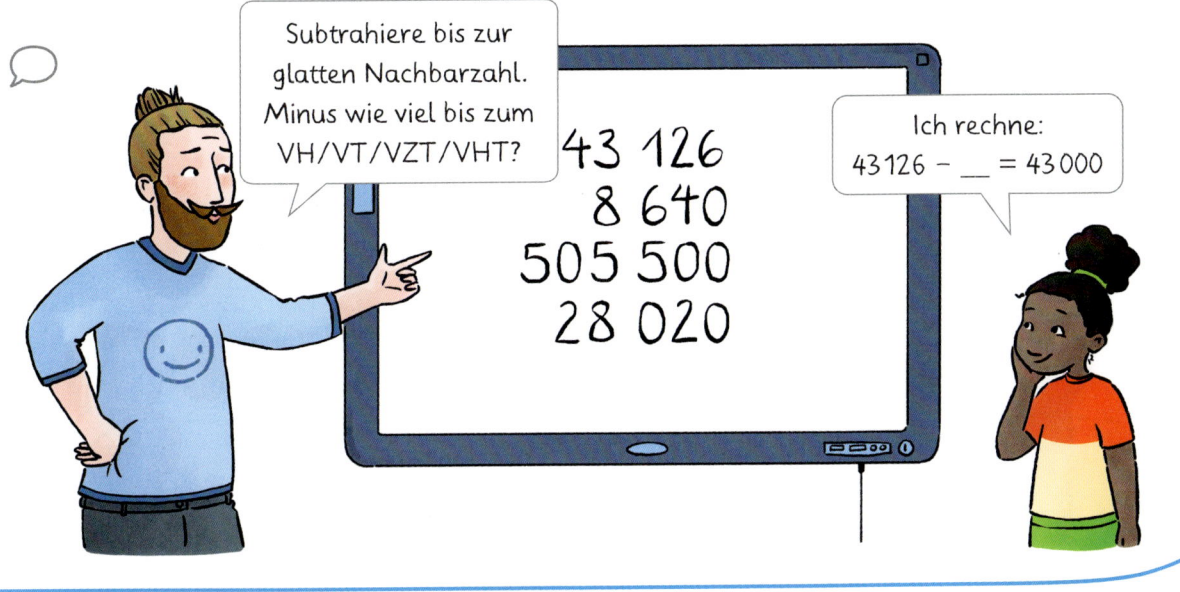

1.

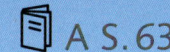

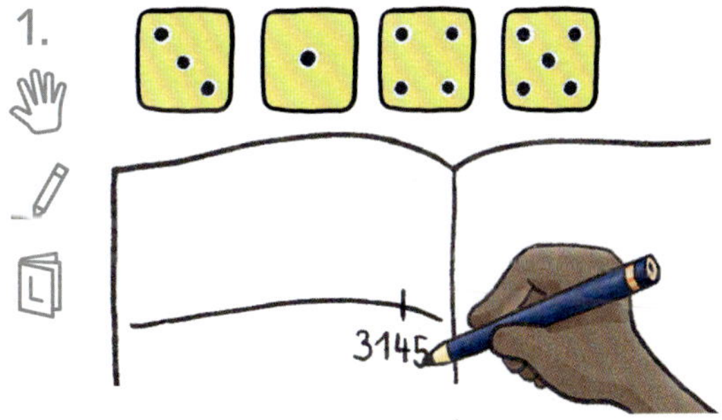

3145

2. Zum NT – welche Stellen müssen Null werden?

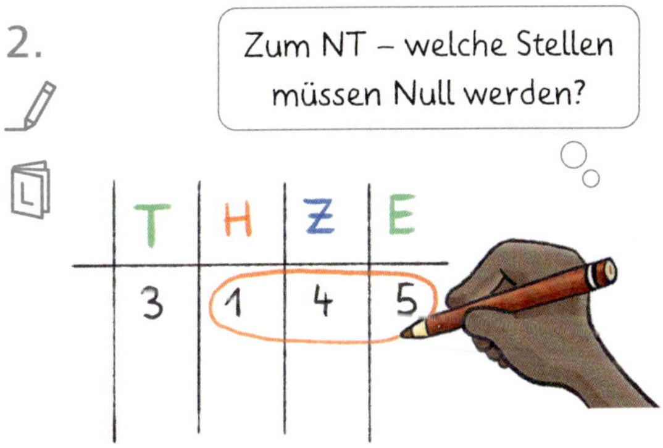

T	H	Z	E
3	1	4	5

3.

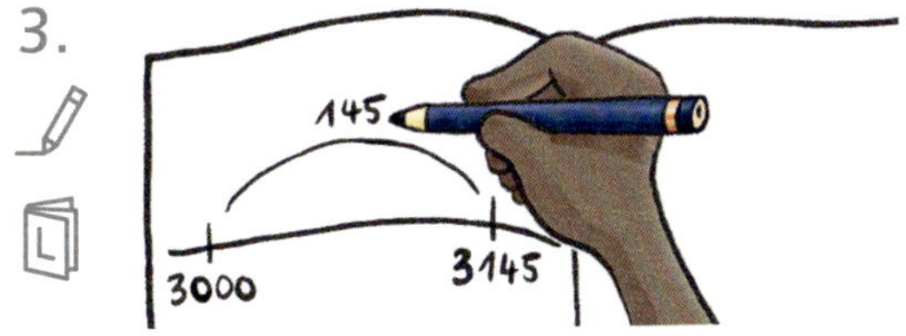

145
3000   3145

4.

145
3000   3145

3145 − 145 = 3000

Wie hast du den Vorgänger-Tausender/-Zehntausender/-Hunderttausender gefunden?

1. Der Minuend ist 9 000.

2. Der Subtrahend ist 351.

3. 9000 − 351 =

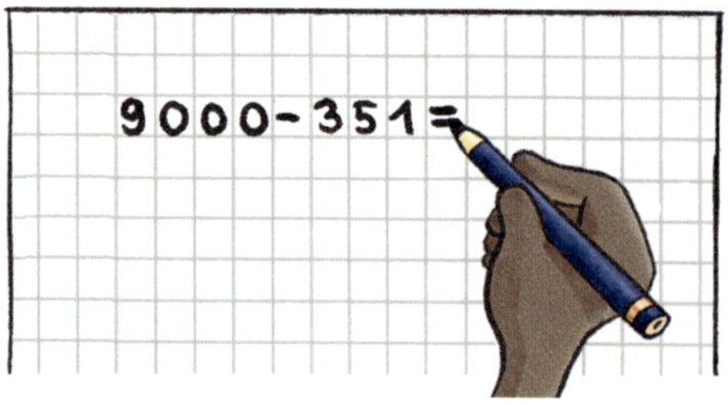

4. Ich subtrahiere im Kopf in Schritten.

9000 − 351 = 8 649

 Wie hast du gerechnet? Wie hast du entbündelt?

Verliebt in die Nachbarzahl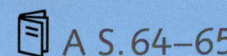

?! Kannst du die Aufgaben im Kopf lösen?

PA: Rollenwechsel vor dem nächsten Durchgang.

Die Hilfsaufgabe

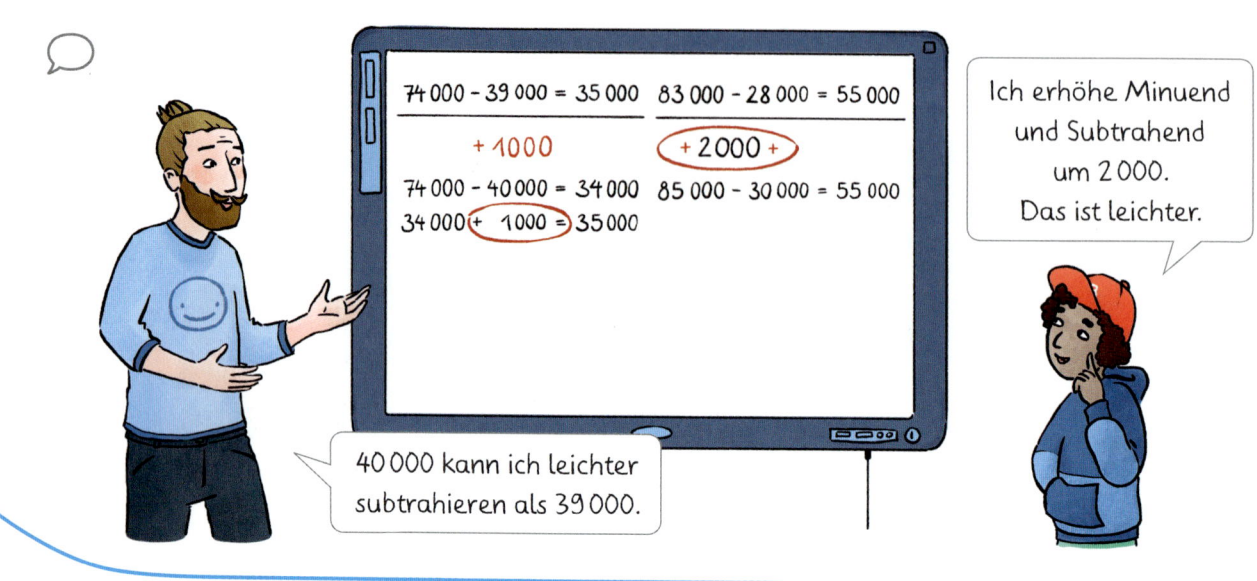

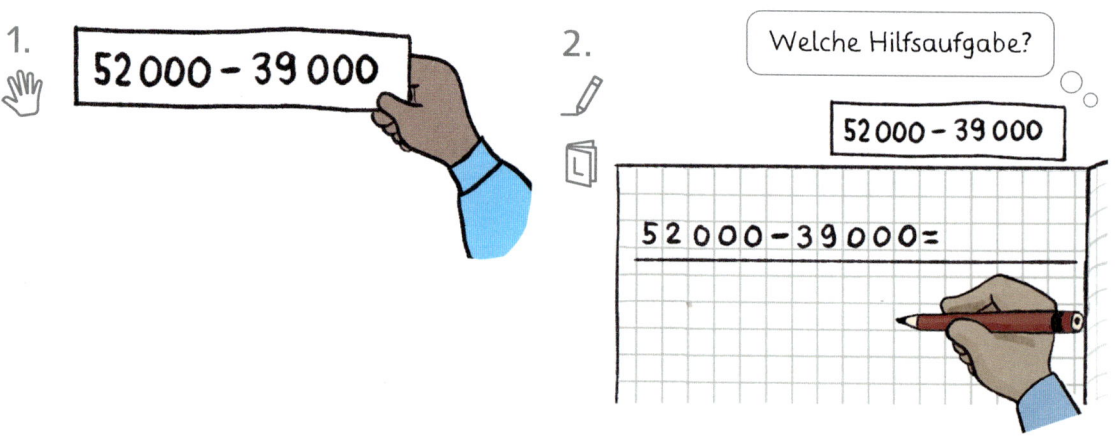

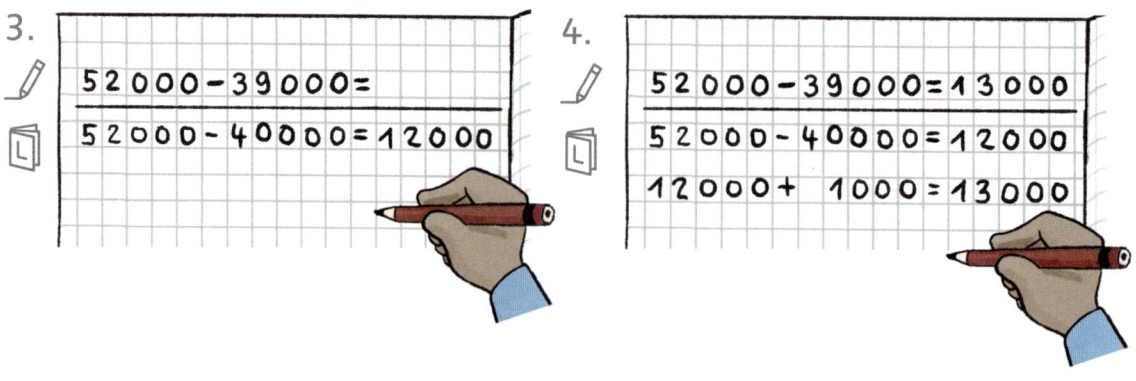

  Bei welchen Aufgaben hilft dir ?

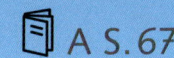

Erinnere dich an $\begin{smallmatrix}H+H\\Z+Z\\E+E\end{smallmatrix}$ und ⌒.
Wie rechnest du?

$\begin{smallmatrix}H-H\\Z-Z\\E-E\end{smallmatrix}$ 6473−2341

6473−2341=4132
6000−2000=4000
400− 300= 100
70− 40= 30
3− 1= 2

4000+100+30+2=4132

6473−2341=4132
6473−2000=4473
4473− 300=4173
4173− 40=4133
4133− 1=4132

1.

7538 − 5134

Wie rechne ich −
$\begin{smallmatrix}H+H\\Z+Z\\E+E\end{smallmatrix}$ oder ⌒ ?

2.

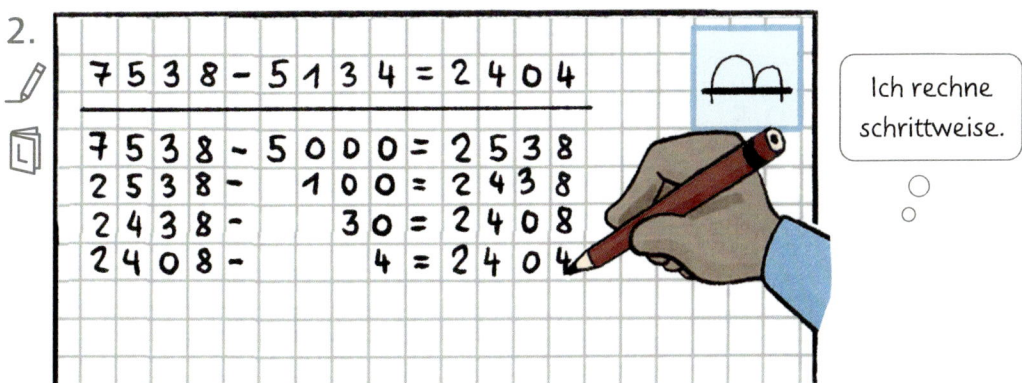

7538−5134=2404

7538−5000=2538
2538− 100=2438
2438− 30=2408
2408− 4=2404

Ich rechne schrittweise.

Bei welchen Aufgaben hilft dir $\begin{smallmatrix}H+H\\Z+Z\\E+E\end{smallmatrix}$? Bei welchen ⌒ ?

Subtrahiere stellenweise und beginne mit den Einern.

1.

756 305 - 113 214

2.

7 5 6 3 0 5
- 1 1 3 2 1 4

3.

7 5 6 3 0 5
- 1 1 3 2 1 4
----
6 4 3 0 9 1

Achtung Übertrag!
Ich wechsle 1 H in 10 Z.
Ich rechne: 10 – 1 = 9.

Bei welchen Aufgaben hilft dir +/– ?

Im Kopf oder schriftlich?

1.

2.

3.

4.

Welche Aufgaben rechnest du im Kopf? Welche schriftlich? Warum?

Welche Messinstrumente kennst du?

Das Maßband.

Der Zollstock.

Das Lineal.

der Millimeter – mm
der Zentimeter – cm
der Meter – m

1.

2.

Ungefähr 20 cm.

3.

4.

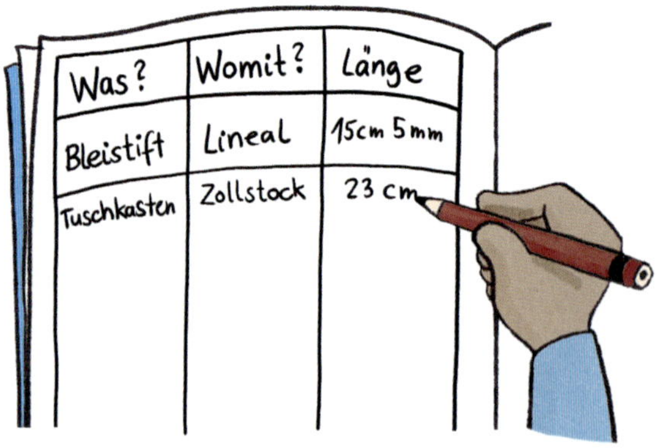

Was?	Womit?	Länge
Bleistift	Lineal	15 cm 5 mm
Tuschkasten	Zollstock	23 cm

Welches Messinstrument nutzt du für welche Messung?
Wie gehst du vor, wenn der Gegenstand länger ist als das Messinstrument?

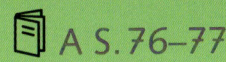

Das ist ein Dezimeter.

Meine Handspanne misst ungefähr 1 dm.

Ich kann umrechnen: 1 dm = 10 cm

1 dm

der Dezimeter – dm
1 cm = 10 mm
1 dm = 10 cm
1 m = 10 dm

1.

2 dm

Was passt zusammen?

8 dm

20 cm

80 cm

200 mm

800 mm

2.

$2\,dm = 20\,cm = 200\,mm$
$8\,dm =$

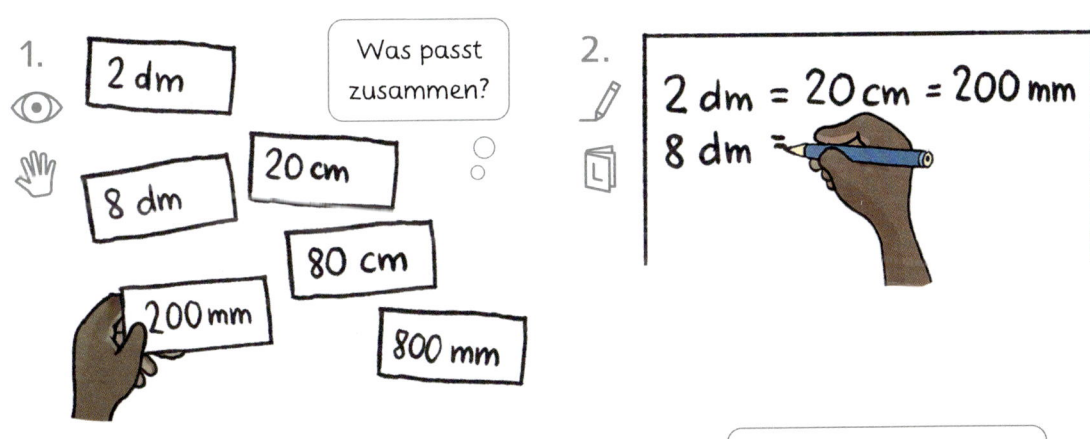

Das Komma trennt hier dm von cm und mm.

3.

Länge (cm/mm)	1 dm	1 cm	1 mm	Länge (dm)
235 mm	2	3		
71 mm				
34 cm				
53 cm				

4.

Länge (cm/mm)	1 dm	1 cm	1 mm	Länge (dm)
235 mm	2	3	5	2,35 dm
71 mm	0	7	1	0,71 dm
34 cm	3	4	0	3,4 dm
53 cm	5	3	0	5,3 dm

 Welche Null ist wichtig, welche kannst du weglassen?

Nach **2.** folgt eine Zwischenreflexion.

Wie lang ist ein Kilometer?

„Kilo" bedeutet „1000". Also: 1 km = 1000 m

Eine Runde um den Sportplatz sind 400 Meter.

1000 Meter sind zweieinhalb Runden.

der Kilometer – km
1 km = 1000 m

1. Was passt zusammen?

3 km
7000 m
13 km
3000 m
13 000 m
7 km

2.

3 km = 3000 m
7 km =

3. Welche Schreibweise fehlt?

	7324 m	
		0, 638 km
	11 865 m	
8 km 730 m		

4. Ich ergänze die Tabelle.

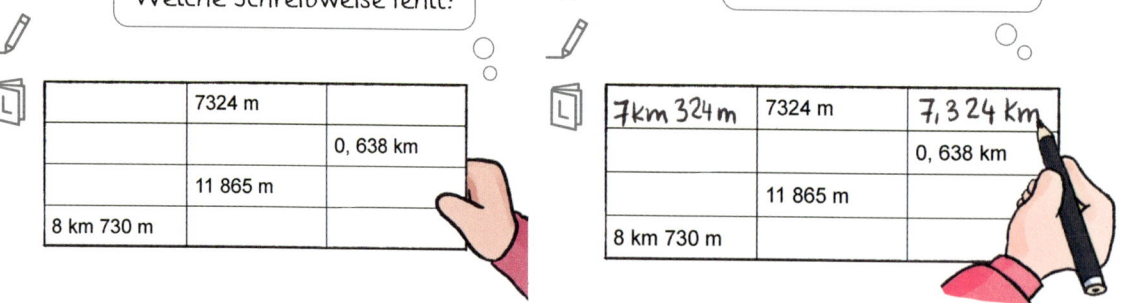

7 km 324 m	7324 m	7, 3 24 km
		0, 638 km
	11 865 m	
8 km 730 m		

Welche Null ist wichtig, welche kann ich weglassen?

Nach **2.** folgt eine Zwischenreflexion.

Rechnen mit Längen

A S. 80–81

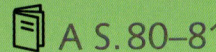

Worauf musst du beim Addieren der Längen achten?

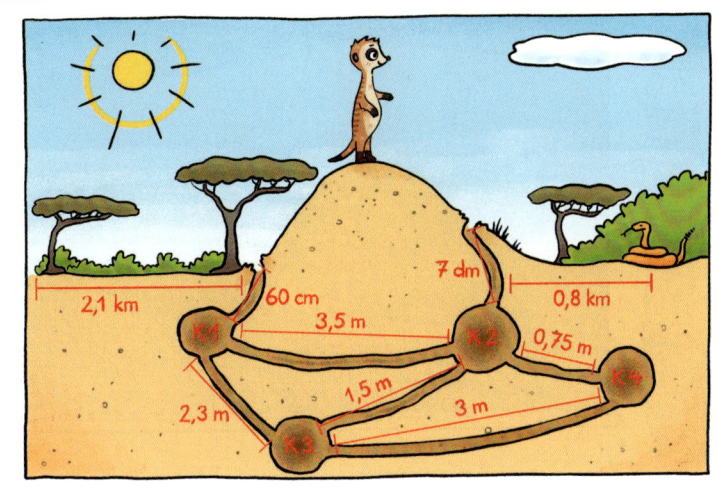

1. K1 – K2 – Schlange

3,5 m + 7 dm + 0,8 km

2. Alles in Meter.

3,5 m

7 dm = 0,7 m

0,8 m = 8 0 0 m

3.
```
      3,5 m
+     0,7 m
+ 8 0 0,0 m
```

4.
```
        3,5 m
+       0,7 m
+   8 0 0,0 m
   ―――――――――
    8 0 4,2 m
```

Wann gibst du das Ergebnis in m und wann in km an?

ANNA-Zahlen

Was ist das Besondere an den ANNA-Zahlen?

1001
2112
6996
5445
7887

ANNA
1001

1. **Immer 4 Ziffern.** **Die beiden mittleren Ziffern …**

2. **Welche ANNA-Zahlen gibt es?**

1221

3. **Ich sortiere.**

1221	1221
7557	3443
4334	4334
8228	7557
3443	8228

4. **Wie viele ANNA-Zahlen gibt es? Ich schätze.**

Hast du eine Strategie, wie du möglichst alle ANNA-Zahlen findest?

ANNA-Zahlen subtrahieren

Nach welcher Regel ist diese Aufgabe gebildet?

3223
– 2332

Welche Aufgabe gibt es zu 4334?

Beide ANNA-Zahlen bestehen aus den gleichen zwei Ziffern.

1.

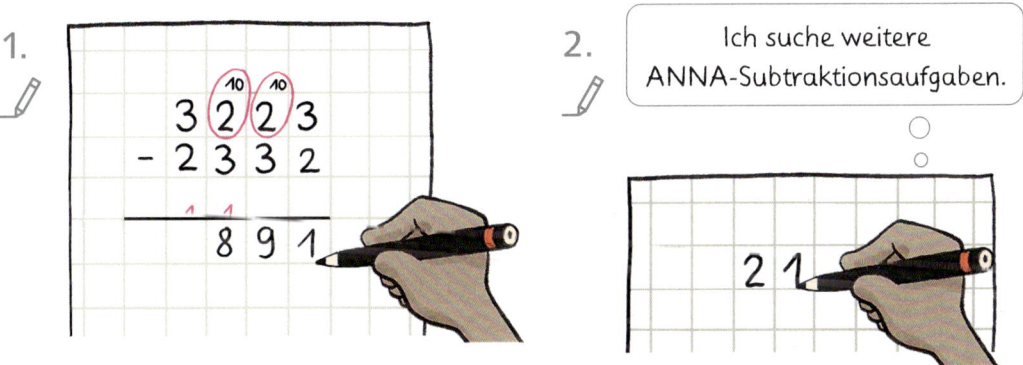

2. Ich suche weitere ANNA-Subtraktionsaufgaben.

3.

Ich löse und sortiere die Aufgaben nach Ergebnis.

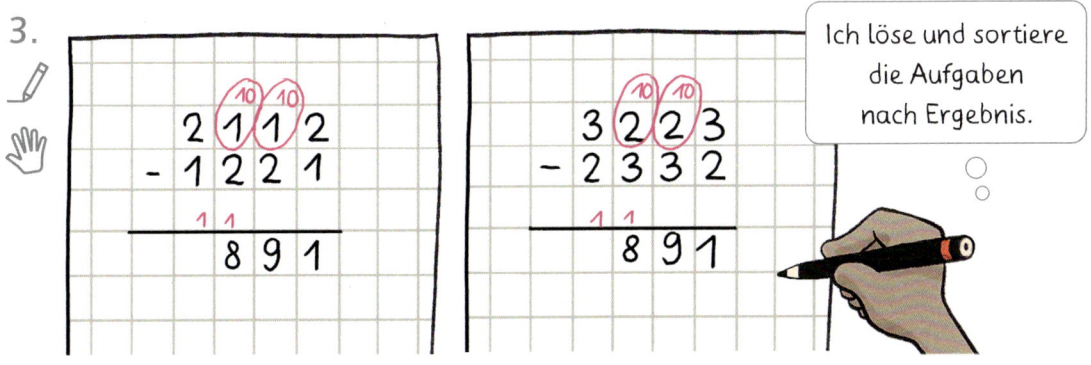

 Wie viele ANNA-Subtraktionsaufgaben gibt es?
Hast du eine Strategie, wie du alle findest?

Betrachte die Ergebnisse. Was fällt dir auf?

$$
\begin{array}{r} 2112 \\ -1221 \\ \hline 891 \end{array}
\qquad
\begin{array}{r} 3113 \\ -1331 \\ \hline 1782 \end{array}
\qquad
\begin{array}{r} 4114 \\ -1441 \\ \hline 2673 \end{array}
$$

Alle Ergebnisse sind Vielfache von ...

1. Ich markiere meine Entdeckungen.

$$
\begin{array}{r} 1001 \\ -0110 \end{array}
$$

$$
\begin{array}{r} 20\, \\ -0\, \end{array}
$$

2. Wenn die Differenz zwischen den Ziffern ...

... des Minuenden und des Subtrahenden ...

3. Meine Entdeckungen:

4. Welche weiteren ANNA-Subtraktionsaufgaben mit Ergebnis 891 finde ich?

$$
\begin{array}{r} 2\,11\,2 \\ -1\,2\,2 \\ \hline 8\,9\,1 \end{array}
$$

Wie findest du passende ANNA-Aufgaben zu den Ergebniszahlen?
Wie viele verschiedene Ergebniszahlen gibt es?

Orientierung auf der Karte

A S. 88–89

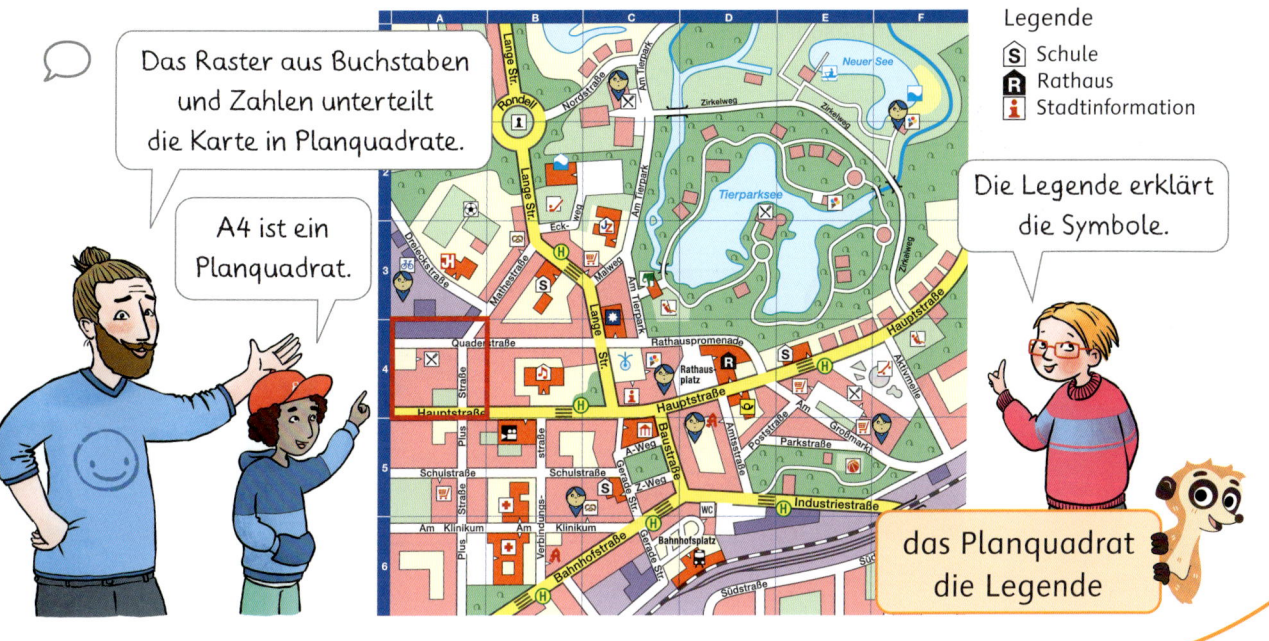

> Das Raster aus Buchstaben und Zahlen unterteilt die Karte in Planquadrate.

> A4 ist ein Planquadrat.

> Die Legende erklärt die Symbole.

Legende
- Ⓢ Schule
- Ⓡ Rathaus
- ⓘ Stadtinformation

das Planquadrat
die Legende

1. Wo finde ich ⚽ auf der Karte?

2. ⚽ liegt im Planquadrat mit dem Buchstaben A.

3. ⚽ liegt im Planquadrat mit der Zahl 2.

4. Fußballplatz A2 — Also A2.

?! Wie helfen dir Planquadrate auf einer Karte?

Wege gehen und finden

1.

2.

3. Wende dich nach links, gehe die Hauptstraße Richtung …

4. Wo bist du angekommen?

?! Was musst du beim Beschreiben von Wegen auf der Karte beachten?

↓ Kind 1 markiert den Weg zunächst in der Karte und beschreibt ihn dann mithilfe der Markierung. SuS beschreiben ihren Schulweg, den die anderen auf einer digitalen Karte nachgehen.

Maßstab – vergrößern

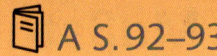 A S. 92–93

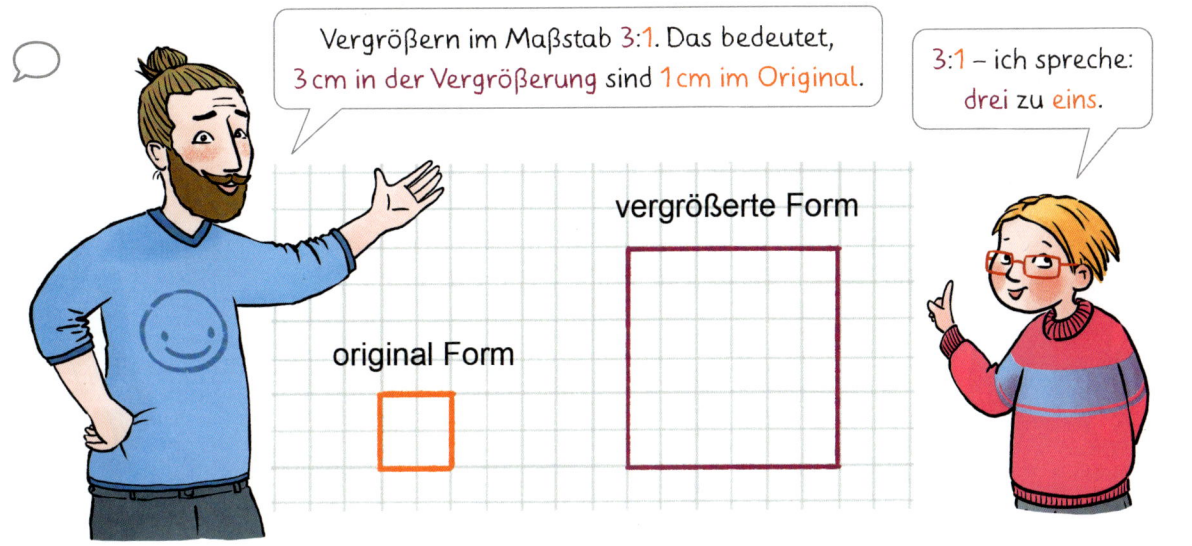

Vergrößern im Maßstab 3:1. Das bedeutet, 3 cm in der Vergrößerung sind 1 cm im Original.

3:1 – ich spreche: drei zu eins.

vergrößerte Form

original Form

1.

Der Maßstab gibt an, wie ein Gegenstand im Verhältnis zu seiner wirklichen Größe verkleinert oder vergrößert dargestellt ist.

2.

Ich vergrößere im Maßstab 2:1. Ich multipliziere alle Seitenlängen mit 2.

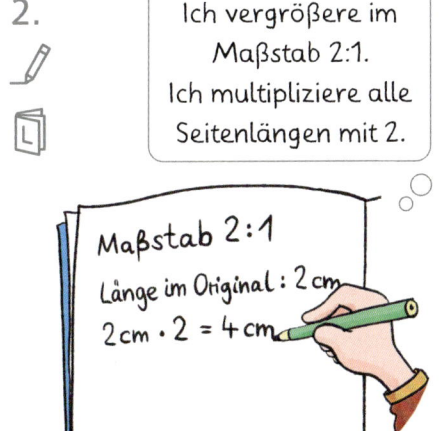

Maßstab 2:1
Länge im Original : 2 cm
2 cm · 2 = 4 cm

3.

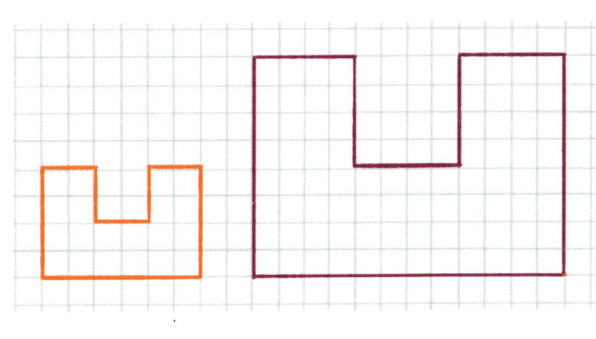

 Wie gehst du vor, um eine Figur zu vergrößern?

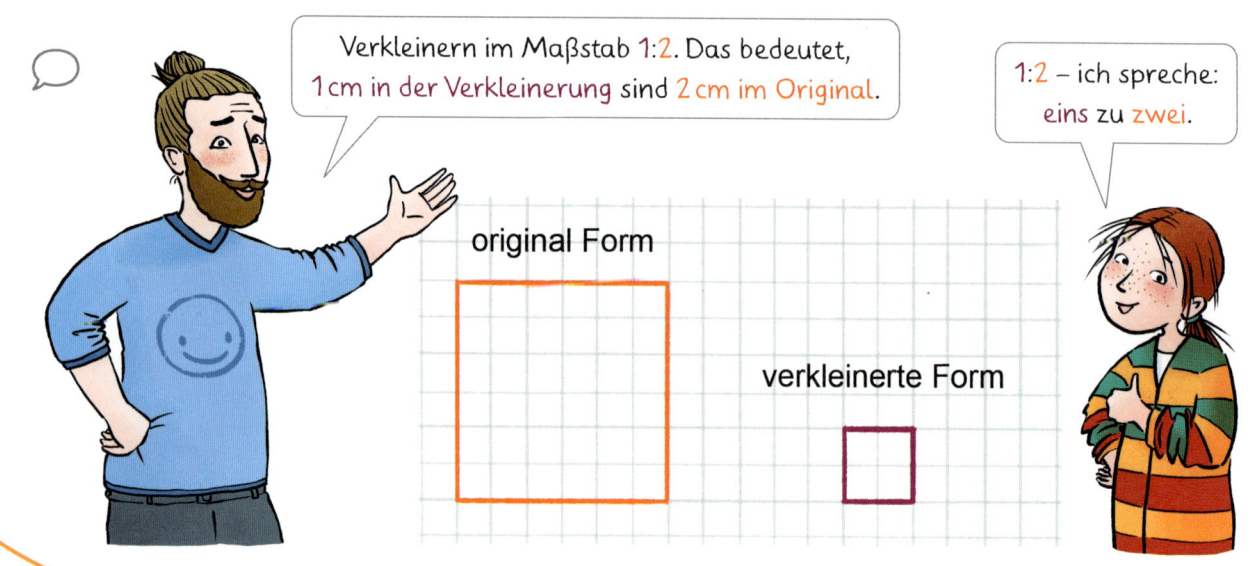

Verkleinern im Maßstab 1:2. Das bedeutet, 1 cm in der Verkleinerung sind 2 cm im Original.

1:2 – ich spreche: eins zu zwei.

original Form

verkleinerte Form

1.

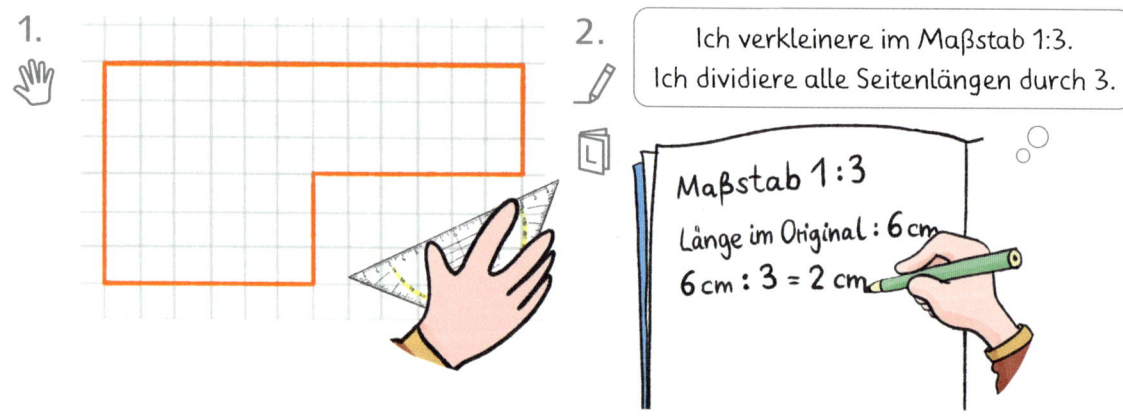

2. Ich verkleinere im Maßstab 1:3. Ich dividiere alle Seitenlängen durch 3.

Maßstab 1:3

Länge im Original : 6 cm

6 cm : 3 = 2 cm

3.

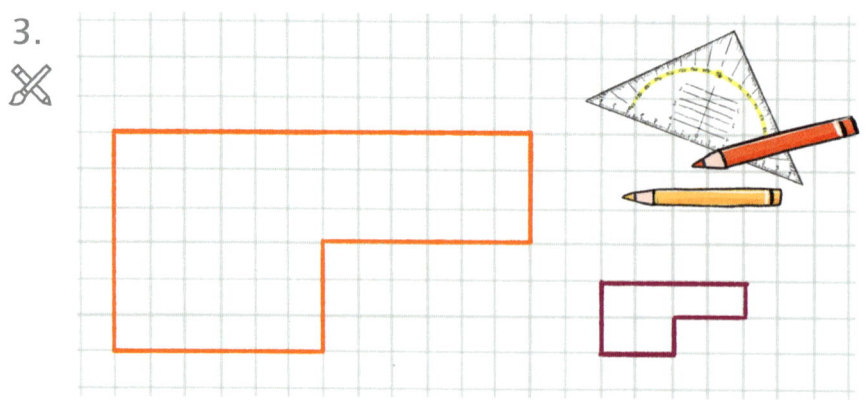

Wie gehst du vor, um eine Figur zu verkleinern?

Volumen vergleichen

A S. 96–97

Vase oder Topf: Wo passt mehr Inhalt rein?

Ich fülle Becher Wasser in den Gegenstand.

Das Volumen (V) bestimmt, wie viel Inhalt in einen Körper passt.

In die Vase passen 10 Becher Wasser, in den Topf nur 7.

1.

Kann ich schätzen, wo mehr Inhalt reinpasst?

2. Ich sortiere.

Ich schätze:
groß
- Trinkflasche
- Vase
- Schale
- Suppenteller
klein

3. Ich messe in Bechern.

4.

Ich schätze:
groß
- Trinkflasche
- Vase
- Schale
- Suppenteller
klein

Ich messe:
groß
- Vase 卌 卌
- Trinkflasche 卌 III
-
klein

Ist dir das Schätzen des Volumens leicht-/schwergefallen?
Waren deine Messergebnisse eindeutig?

1 Liter = 1000 Milliliter
1 l   = 1000 ml

1.

2.

3.

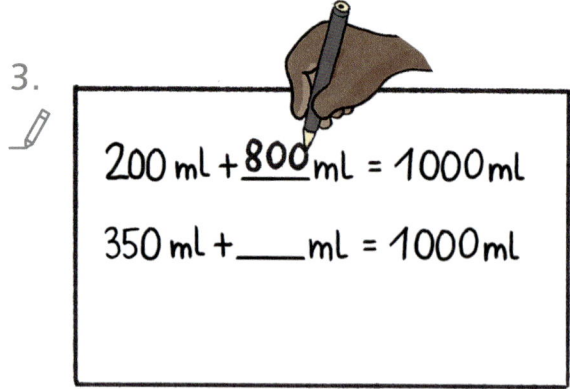

200 ml + **800** ml = 1000 ml

350 ml + ___ ml = 1000 ml

 Wie viele Becher/Milliliter passen in das Litermaß?
Wie hilft dir das Litermaß beim Messen von Volumen?

Das Litermaß (II)

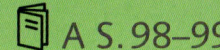 A S. 98–99

Ich teile das Volumen im Litermaß in 4 gleich große Teile.

1 Becher fasst 250 ml. 250 ml sind ein Viertelliter.

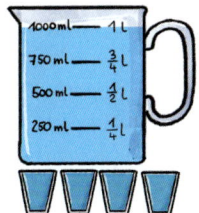

250 ml	500 ml	750 ml	1000 ml
1 von 4	2 von 4	3 von 4	4 von 4
$\frac{1}{4}$ l	$\frac{1}{2}$ l	$\frac{3}{4}$ l	1 l
ein Viertelliter	ein halber Liter	drei Viertelliter	ein Liter

1.

Ich markiere das Volumen im Litermaß.

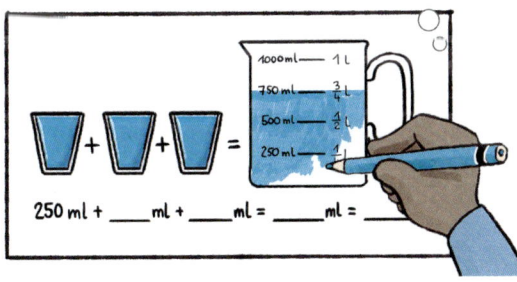

250 ml + ____ ml + ____ ml = ____ ml = ____

2.

Ich addiere die Teilmengen in ml.

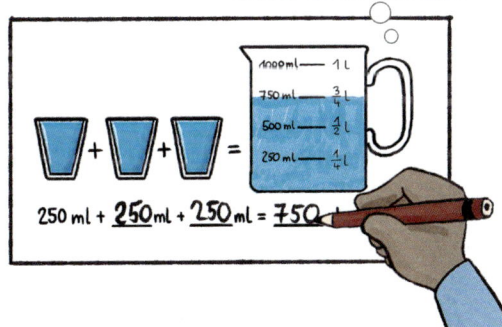

250 ml + 250 ml + 250 ml = 750

3.

Ich schreibe das Volumen in l als Bruchzahl.

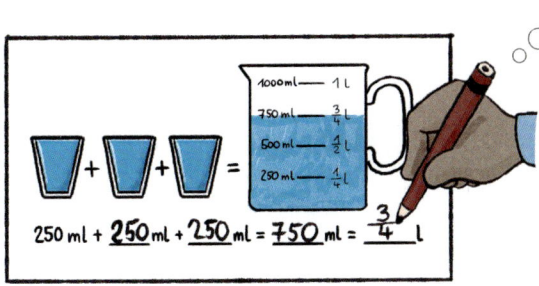

250 ml + 250 ml + 250 ml = 750 ml = $\frac{3}{4}$ l

 Wo begegnen dir Bruchzahlen in deinem Alltag?

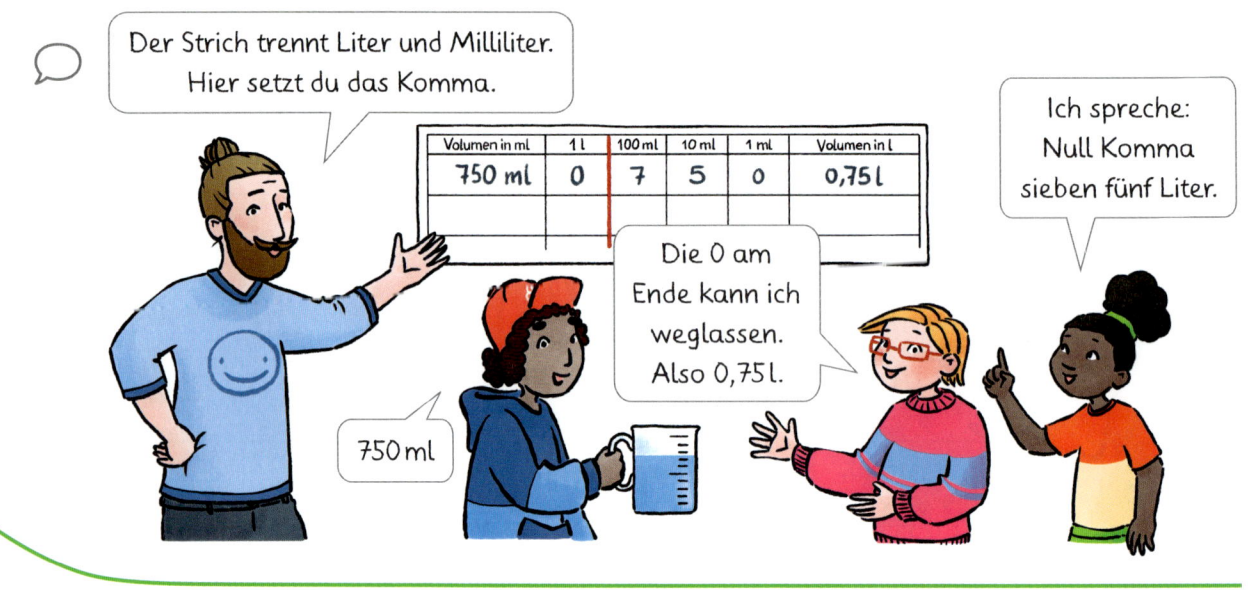

Der Strich trennt Liter und Milliliter. Hier setzt du das Komma.

Volumen in ml	1 l	100 ml	10 ml	1 ml	Volumen in l
750 ml	0	7	5	0	0,75 l

Ich spreche: Null Komma sieben fünf Liter.

Die 0 am Ende kann ich weglassen. Also 0,75 l.

750 ml

1.

Station 1
Umrechnen

2 l = 2000 ml
5 l = _____ ml
4 l = _____ ml
7 l = _____ ml

2.

Station 2
Komma-schreibweise

Ich nutze die Tabelle.

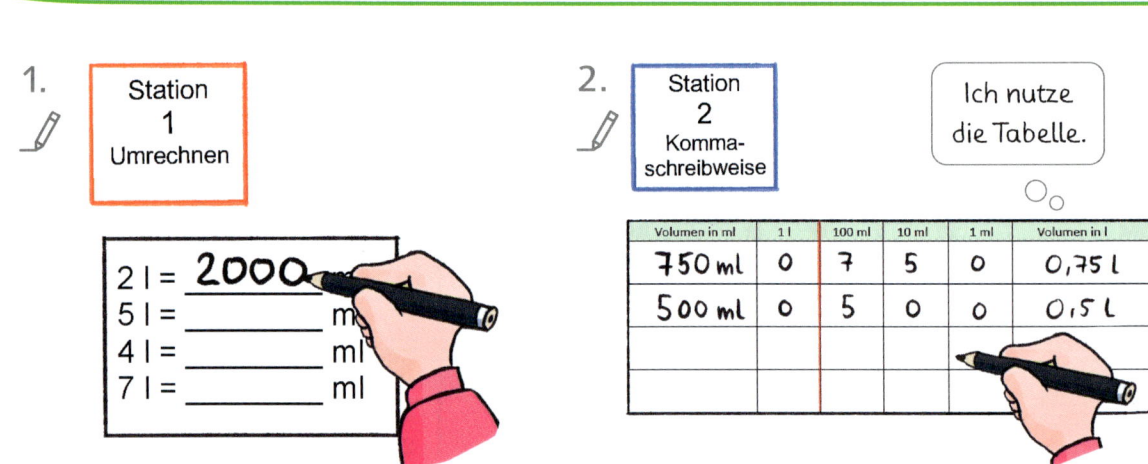

Volumen in ml	1 l	100 ml	10 ml	1 ml	Volumen in l
750 ml	0	7	5	0	0,75 l
500 ml	0	5	0	0	0,5 l

3.

Station 3
Rechnen

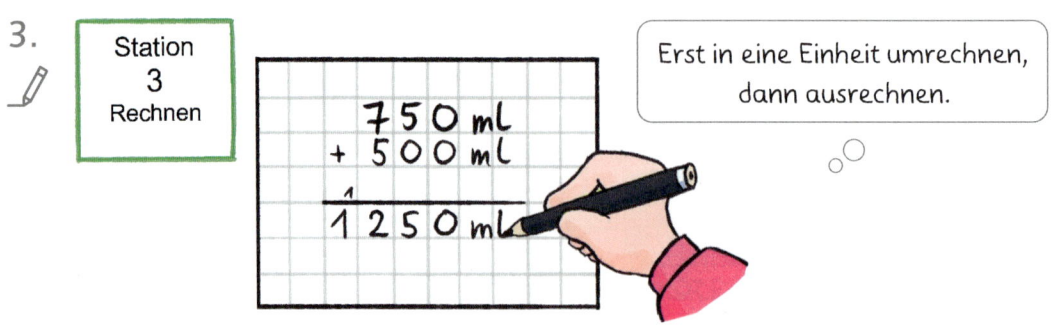

```
   750 ml
 + 500 ml
 ‾‾‾‾‾‾‾‾
  1250 ml
```

Erst in eine Einheit umrechnen, dann ausrechnen.

Was musst du beim Rechnen mit Volumen beachten?

1.–3. Stationsarbeit: Stationen müssen in der abgebildeten Reihenfolge bearbeitet werden.

Der Literwürfel

A S. 106–107

1.

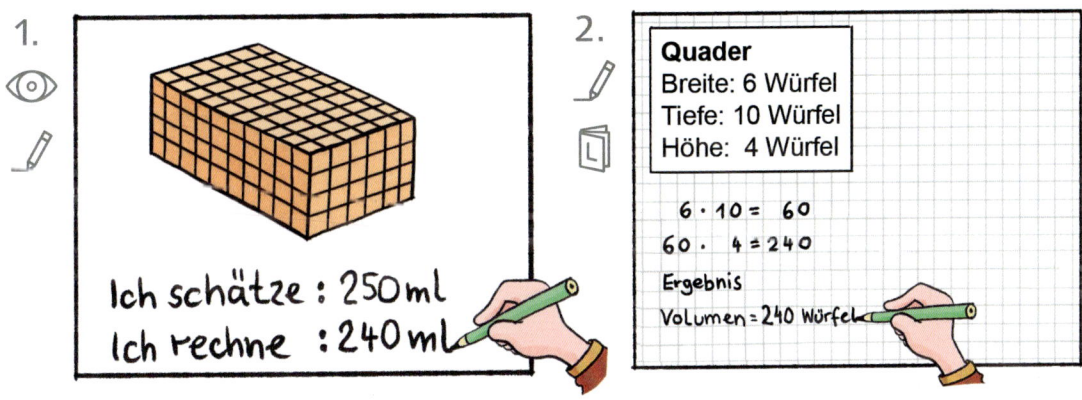

Ich schätze : 250 ml
Ich rechne : 240 ml

2.

Quader
Breite: 6 Würfel
Tiefe: 10 Würfel
Höhe: 4 Würfel

$6 \cdot 10 = 60$
$60 \cdot 4 = 240$

Ergebnis
Volumen = 240 Würfel

3. Verdopple alle Seiten.

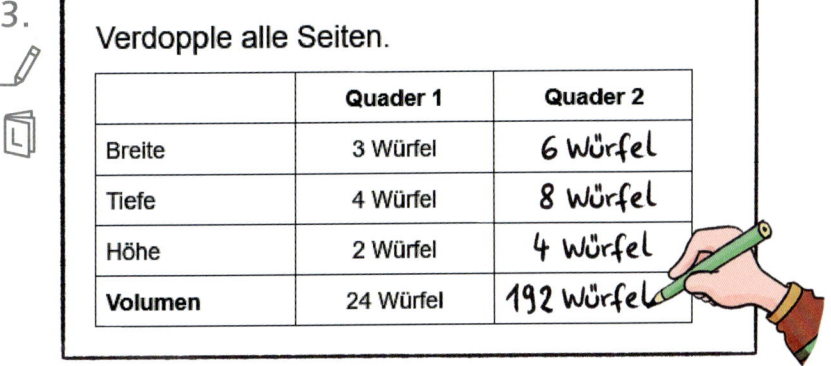

	Quader 1	Quader 2
Breite	3 Würfel	6 Würfel
Tiefe	4 Würfel	8 Würfel
Höhe	2 Würfel	4 Würfel
Volumen	24 Würfel	192 Würfel

Wie errechne ich das Volumen mithilfe von Breite, Tiefe und Höhe?

Potenzieren

A S. 108–109

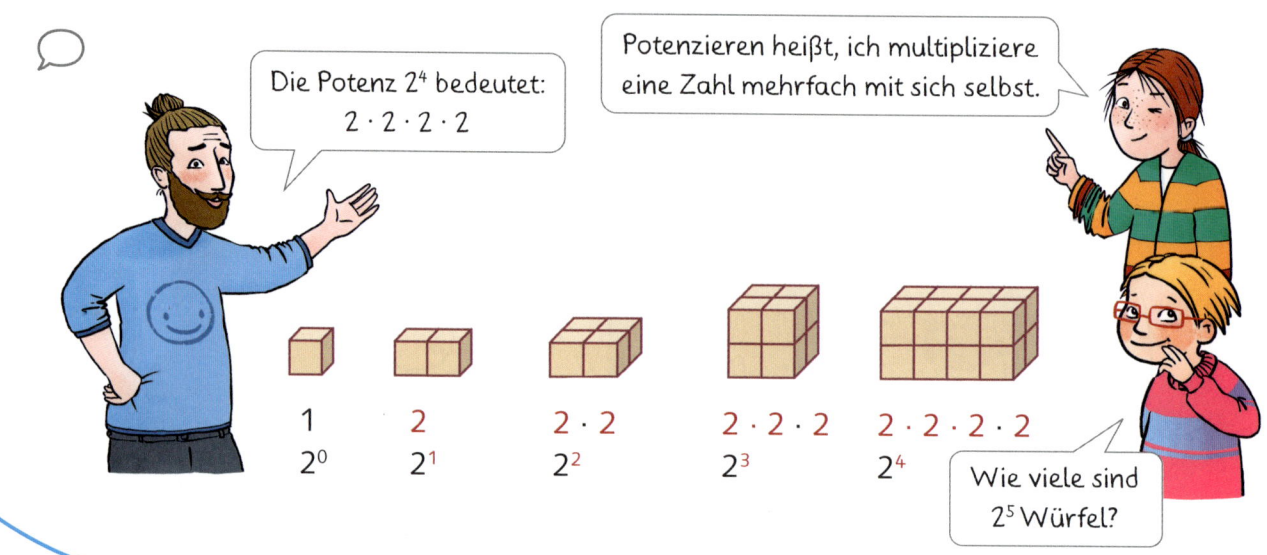

Die Potenz 2^4 bedeutet: $2 \cdot 2 \cdot 2 \cdot 2$

Potenzieren heißt, ich multipliziere eine Zahl mehrfach mit sich selbst.

| 1 | 2 | $2 \cdot 2$ | $2 \cdot 2 \cdot 2$ | $2 \cdot 2 \cdot 2 \cdot 2$ |
| 2^0 | 2^1 | 2^2 | 2^3 | 2^4 |

Wie viele sind 2^5 Würfel?

1.

2^1 2^2 2^3

$2 \cdot 2 \cdot 2 \cdot 2 = 2^4$ — potenzieren

2^4
— die Hochzahl
— die Potenz
— die Grundzahl

2.

$$2^1 = 2$$
$$2^2 = 2 \cdot 2 = 4$$
$$2^3 = 2 \cdot 2 \cdot 2 = 8$$

3.

Wie kann ich das Ergebnis der Potenz im Kopf ausrechnen?

Wie erhalte ich schnell das Ergebnis der nächsthöheren Potenz?

Unser Zahlensystem besteht aus 10 Ziffern: 0 bis 9.
Robbis Sprache besteht nur aus 2 Ziffern: 0 und 1. Wir können übersetzen.

1010

Dezimalsystem (10er-System)

M	HT	ZT	T	H	Z	E
10^6	10^5	10^4	10^3	10^2	10^1	10^0
1 000 000	100 000	10 000	1 000	100	10	1

Binärsystem (2er-System)

2^6	2^5	2^4	2^3	2^2	2^1	2^0
64	32	16	8	4	2	1
			1	0	1	0

1.

Der Binärcode zur Zahl 19 heißt ...

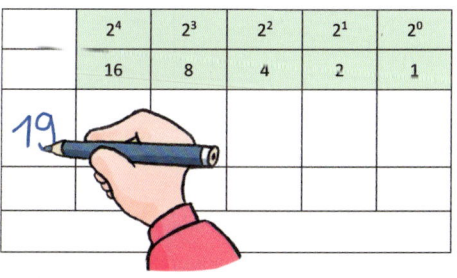

2.

Ich zerlege 19 und verteile das Material auf die Spalten der Tabelle.

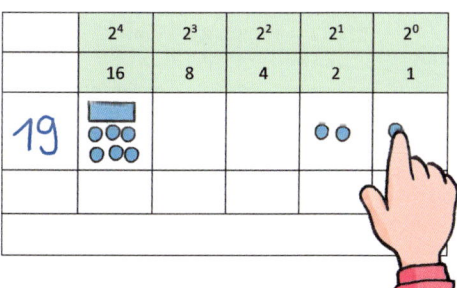

3.

Ich zerlege im Kopf:
19 = 16 + 2 + 1

4.

Ich schreibe 1 in belegte Spalten und 0 in leere Spalten.

	2^4	2^3	2^2	2^1	2^0
	16	8	4	2	1
19				●●	●
	1	0	0	1	1

19 = 1·16 + 0·8 + 0·4 + 1·2 + 1·1

Betrachte die Binärcodes zu den Zahlen 1, 2, 3, 4. Was fällt dir auf?

Die SuS wählen Zahlen < 127.

Binärcodes entschlüsseln

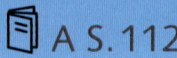 A S. 112

Wir entschlüsseln den Binärcode 101100.

Binärsystem (2er-System)							Dezimal-system
2^6	2^5	2^4	2^3	2^2	2^1	2^0	
64	32	16	8	4	2	1	
	1	0	1	1	0	0	

Ich rechne $1 \cdot 32 + 0 \cdot 16 + 1 \cdot 8 + 1 \cdot 4 + 0 \cdot 2 + 0 \cdot 1$

1. 11101

Binärsystem						Dezimal-system
2^5	2^4	2^3	2^2	2^1	2^0	
32	16	8	4	2	1	
	1	1	1	0	1	

2.

Binärsystem						Dezimal-system
2^5	2^4	2^3	2^2	2^1	2^0	
32	16	8	4	2	1	
	1	1	1	0	1	

$1 \cdot 16 + 1 \cdot 8 + 1 \cdot 4 + 0 \cdot 2 + 1 \cdot 1$

3.

Binärsystem						Dezimal-system
2^5	2^4	2^3	2^2	2^1	2^0	
32	16	8	4	2	1	
	1	1	1	0	1	29

$1 \cdot 16 + 1 \cdot 8 + 1 \cdot 4 + 0 \cdot 2 + 1 \cdot 1 = 29$

Ich prüfe mit der Lösung auf der Rückseite.

4.

Binärsystem						Dezimal-system
2^5	2^4	2^3	2^2	2^1	2^0	
32	16	8	4	2	1	
	1	1	1	0	1	29 ✓

$1 \cdot 16 + 1 \cdot 8 + 1 \cdot 4 + 0 \cdot 2 + 1 \cdot 1 = 29$

29

 Wie gehst du vor, um Binärcodes zu entschlüsseln?
Binärcodes erstellen oder Binärcodes entschlüsseln, was fällt dir leichter?

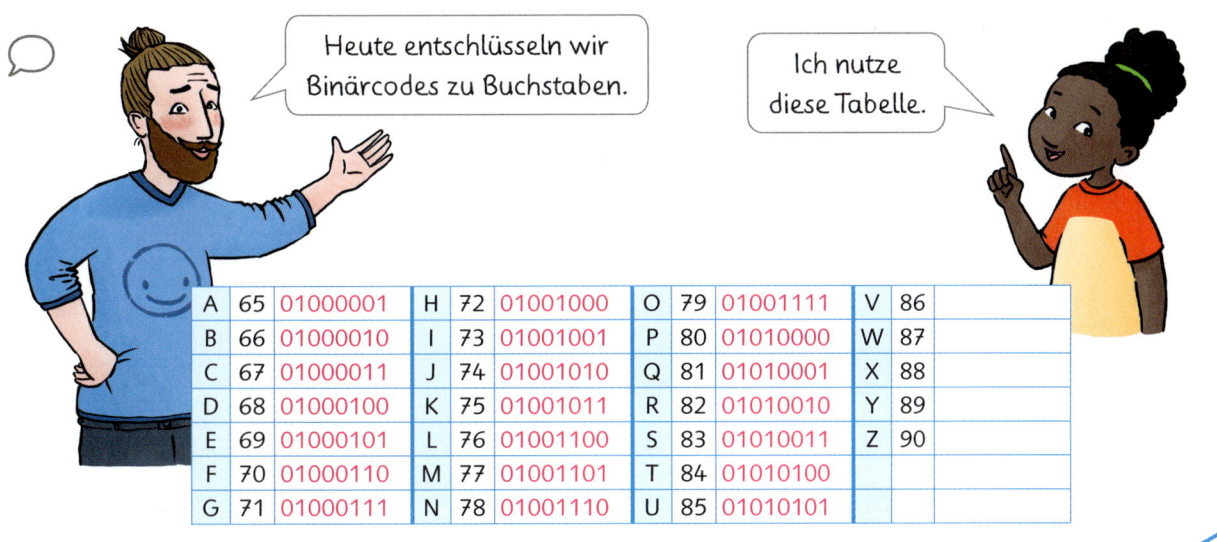

A	65	01000001	H	72	01001000	O	79	01001111	V	86	
B	66	01000010	I	73	01001001	P	80	01010000	W	87	
C	67	01000011	J	74	01001010	Q	81	01010001	X	88	
D	68	01000100	K	75	01001011	R	82	01010010	Y	89	
E	69	01000101	L	76	01001100	S	83	01010011	Z	90	
F	70	01000110	M	77	01001101	T	84	01010100			
G	71	01000111	N	78	01001110	U	85	01010101			

1.

ELLA.

01000101 E
01001100 L
01001100 L
01000001 A

2. Ich ergänze das Alphabet.

U	85	01010101
V	86	
W	87	
X	88	
Y	89	
Z	90	

3. Wie geht es weiter? Gibt es eine Regel?

U	85	**01010101**
V	86	
W	87	
X	88	
Y	89	
Z	90	

4. Ich schreibe das Wort im Binärcode.

Z
U
M

 Wie ist die Tabelle zum Entschlüsseln von Buchstaben aufgebaut?

Ich rechne zuerst die Zwergenaufgabe.

Wie viele Nullen?

$4 \cdot 8\,000 = 32\,000$
$4 \cdot 8 = 32$

$800 \cdot 30 = 24\,000$
$8 \cdot 3 = 24$

Erinnere dich an .

1.

Diese Aufgaben passen zusammen.

$5 \cdot 2\,000 = 10\,000$
1. Faktor   2. Faktor   Produkt

2. Ich markiere die Zwergenaufgabe in der Riesenaufgabe.

3. Ich sehe 3 Nullen. Ich lasse 3 Kästchen frei.

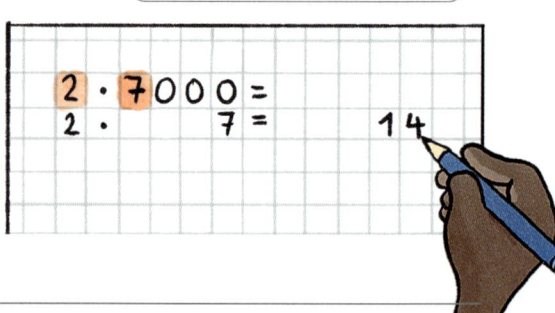

Wie kannst du eine Riesenaufgabe im Kopf lösen?
Wie viele Nullen hat das Produkt?

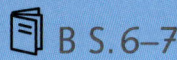

Zerlege stellenweise.

15 · 7362

15 · 7362 = 110 430
10 · 7000 = 70 000
10 · 300 = 3 000
10 · 60 = 600
10 · 2 = 20
5 · 7000 = 35 000
5 · 300 = 1 500
5 · 60 = 300
5 · 2 = 10

Ich rechne im Malkreuz.

1.

Ich wähle eine Aufgabe.

12 · 1234
21 · 3424
14 · 2631
31 · 1423
17 · 2332

2.

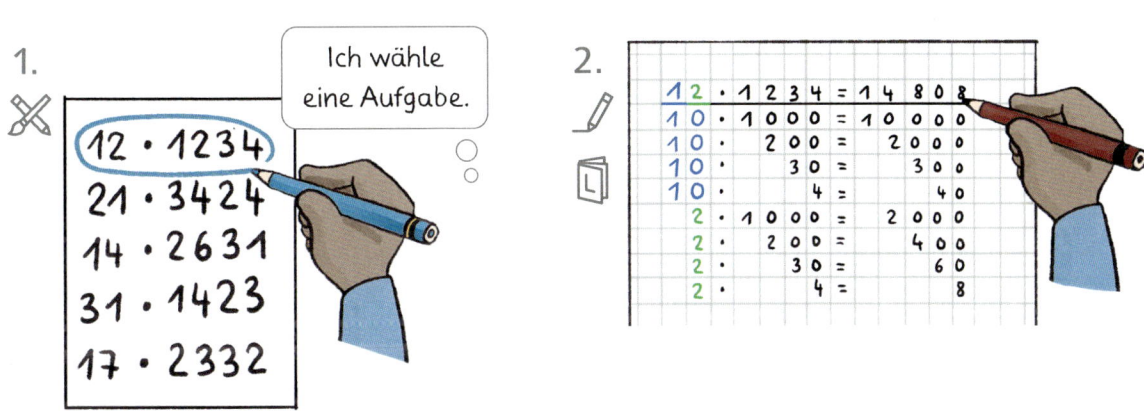

12 · 1234 = 14 808
10 · 1000 = 10 000
10 · 200 = 2 000
10 · 30 = 300
10 · 4 = 40
2 · 1000 = 2 000
2 · 200 = 400
2 · 30 = 60
2 · 4 = 8

3.

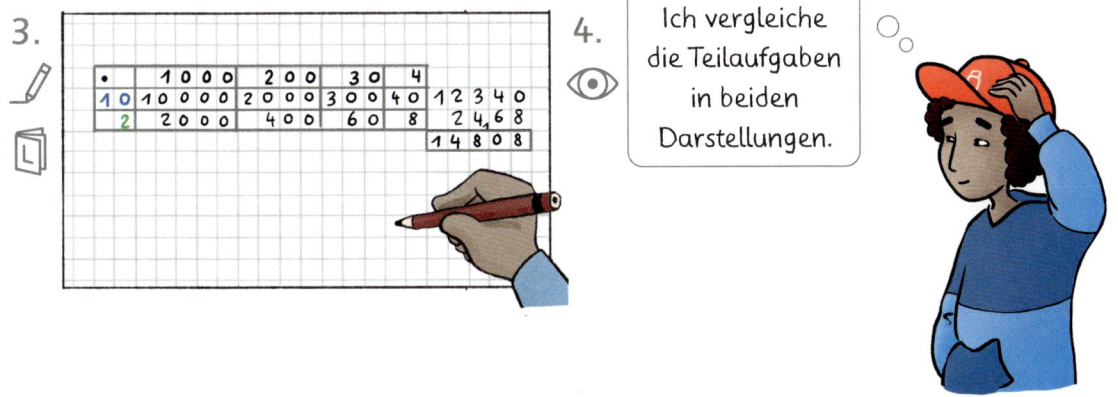

·	1000	200	30	4	
10	10 000	2 000	300	40	12 340
2	2 000	400	60	8	2 468
					14 808

4. Ich vergleiche die Teilaufgaben in beiden Darstellungen.

Wie erkennst du schnell, wie viele Teilaufgaben es werden?

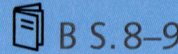

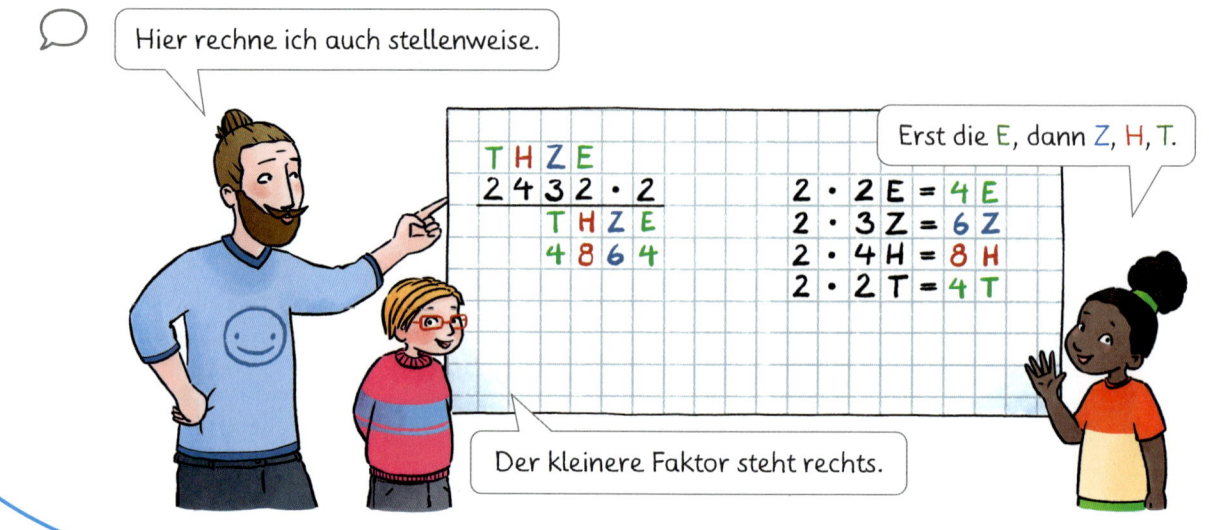

Hier rechne ich auch stellenweise.

Erst die E, dann Z, H, T.

T	H	Z	E		
2	4	3	2	·	2
	T	H	Z	E	
	4	8	6	4	

$2 · 2E = 4E$
$2 · 3Z = 6Z$
$2 · 4H = 8H$
$2 · 2T = 4T$

Der kleinere Faktor steht rechts.

1.

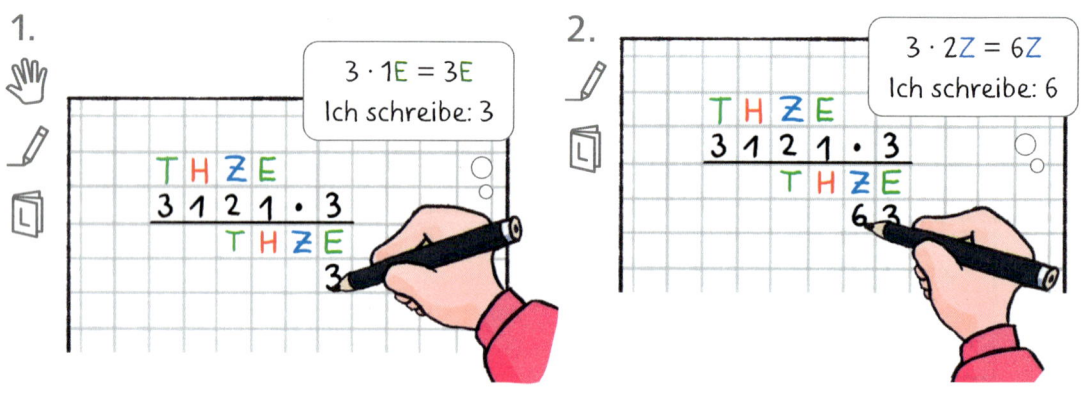

$3 · 1E = 3E$
Ich schreibe: 3

2.

$3 · 2Z = 6Z$
Ich schreibe: 6

3.

$3 · 1H = 3H$
Ich schreibe: 3

4.

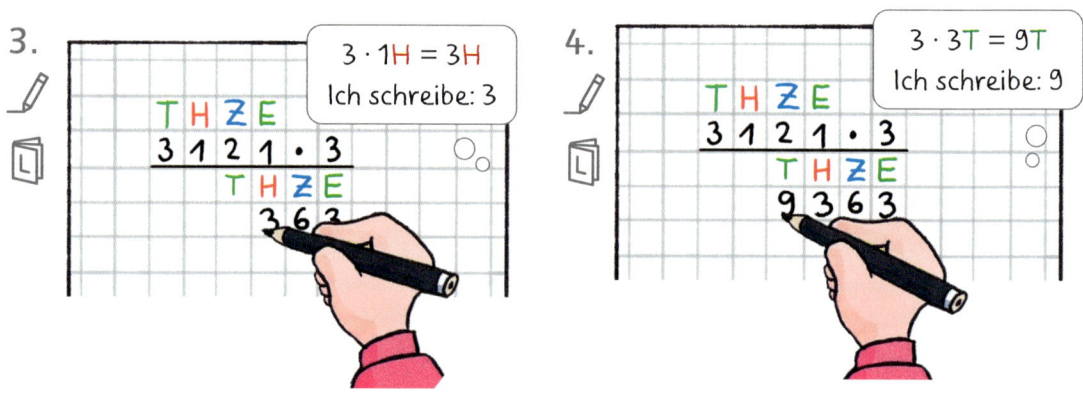

$3 · 3T = 9T$
Ich schreibe: 9

Welche Vorteile hat die schriftliche Multiplikation?

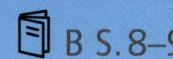

Achte auf den Übertrag.

$4 \cdot 2E = 8E$
$4 \cdot 1Z = 4Z$
$4 \cdot 4H = 16H$
$4 \cdot 2T = 8T$

$16H = 1T\ 6H$

16H.
Schreibe 6, merke 1.

1.

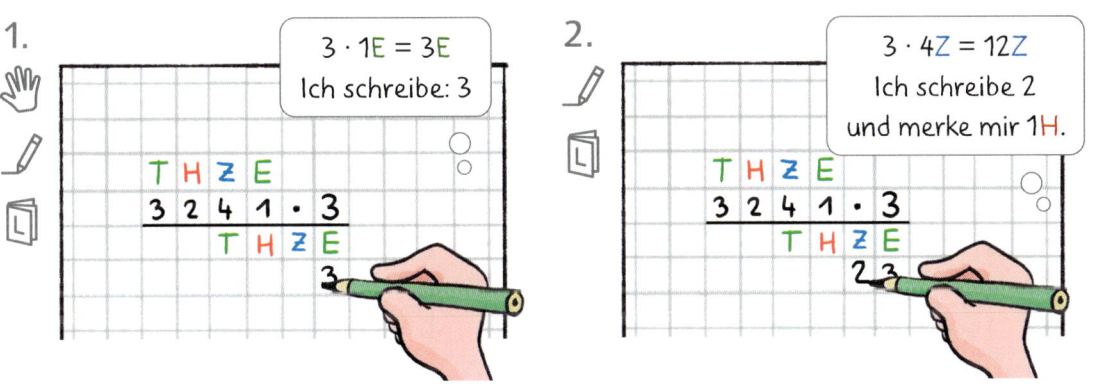

$3 \cdot 1E = 3E$
Ich schreibe: 3

2.

$3 \cdot 4Z = 12Z$
Ich schreibe 2
und merke mir 1H.

3.

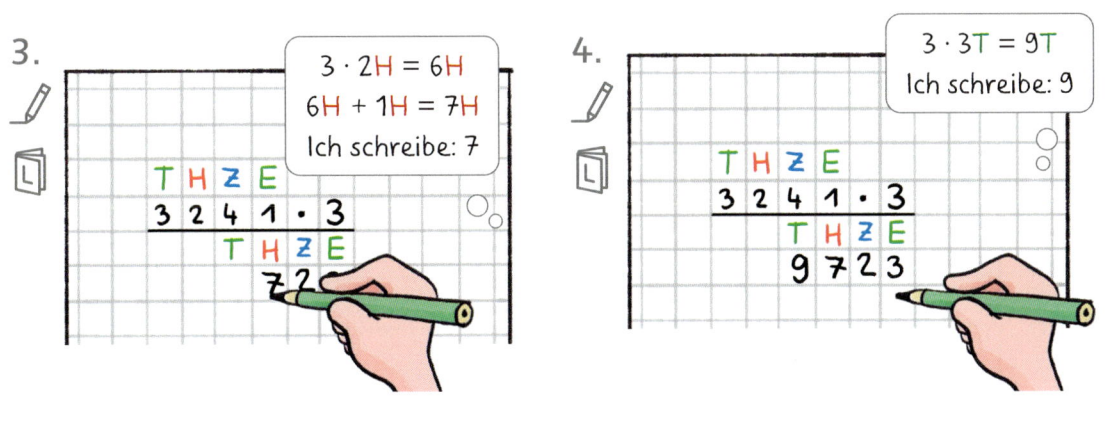

$3 \cdot 2H = 6H$
$6H + 1H = 7H$
Ich schreibe: 7

4.

$3 \cdot 3T = 9T$
Ich schreibe: 9

Wie kannst du dir die Überträge merken?

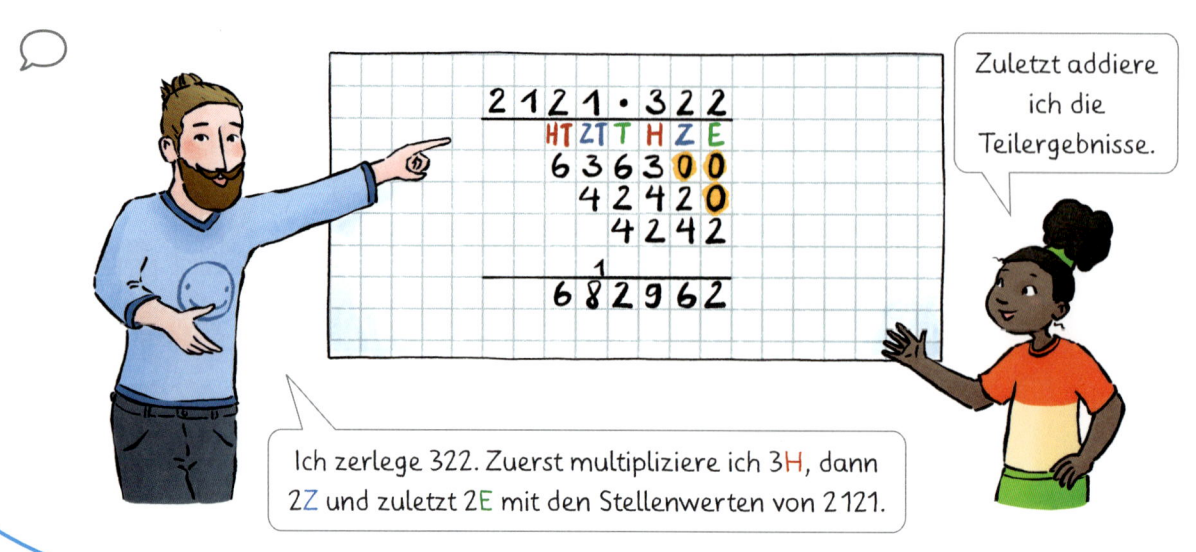

Zuletzt addiere ich die Teilergebnisse.

Ich zerlege 322. Zuerst multipliziere ich 3H, dann 2Z und zuletzt 2E mit den Stellenwerten von 2 121.

1.

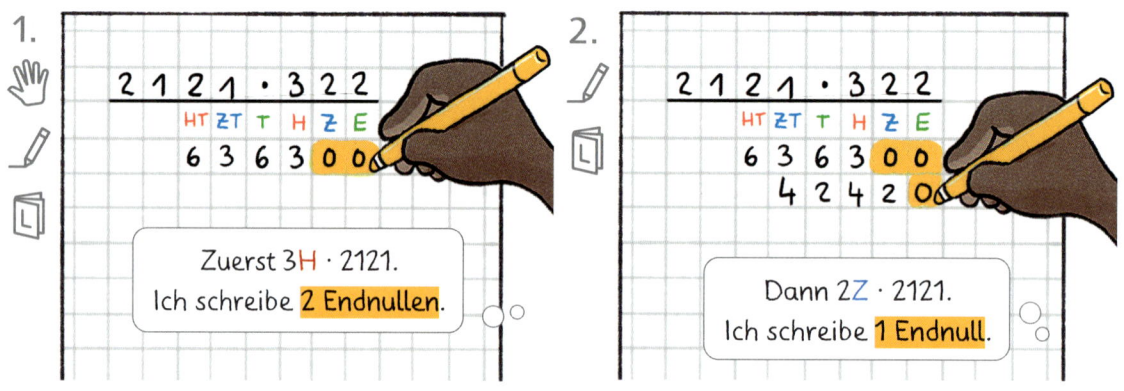

Zuerst 3H · 2121.
Ich schreibe **2 Endnullen**.

2.

Dann 2Z · 2121.
Ich schreibe **1 Endnull**.

3.

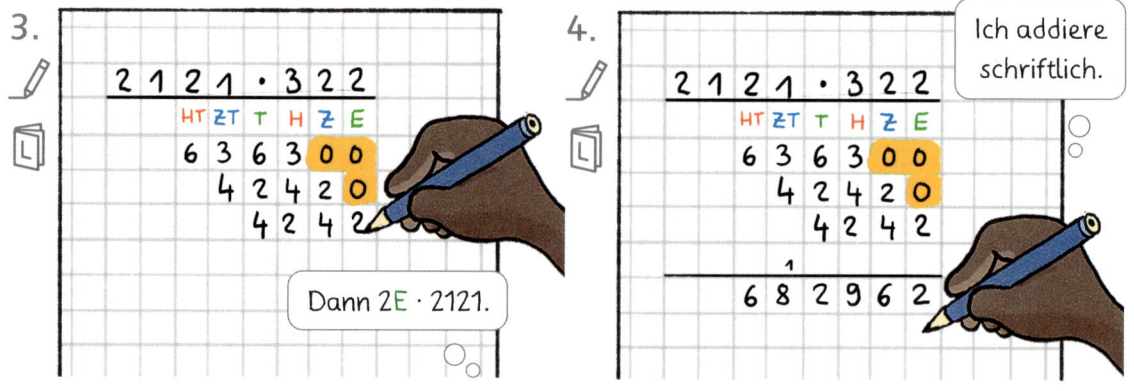

Dann 2E · 2121.

4.

Ich addiere schriftlich.

Wie viele Endnullen musst du schreiben?

Mit Null

B S. 12

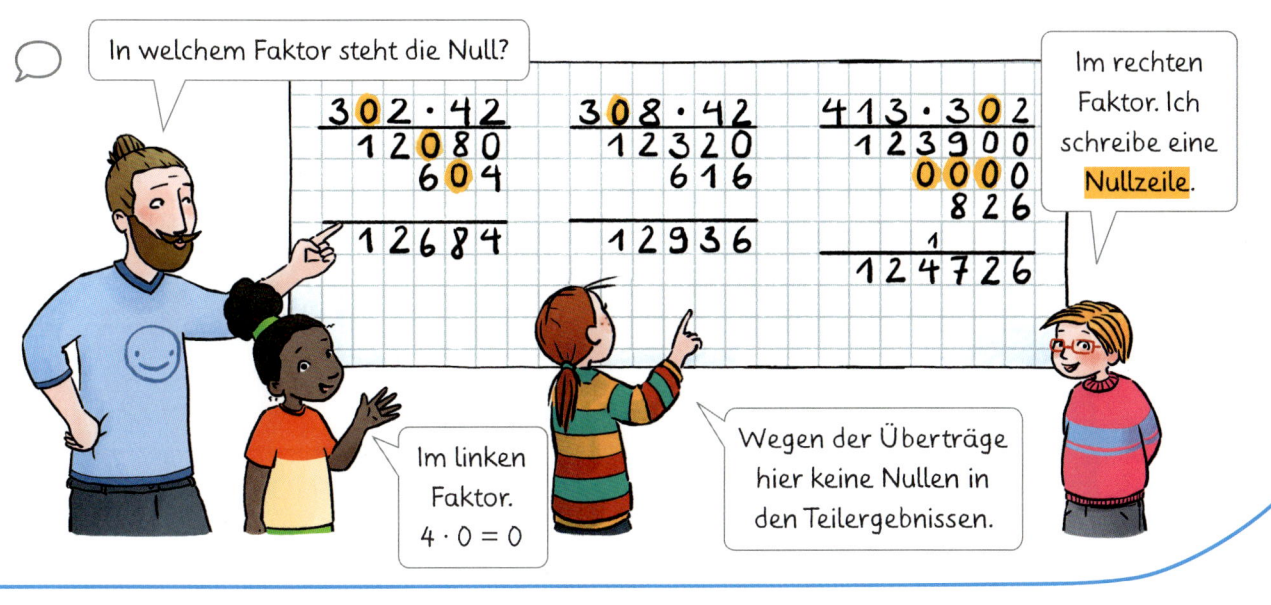

In welchem Faktor steht die Null?

$$302 \cdot 42$$
$$308 \cdot 42$$
$$413 \cdot 302$$

Im rechten Faktor. Ich schreibe eine Nullzeile.

Im linken Faktor. $4 \cdot 0 = 0$

Wegen der Überträge hier keine Nullen in den Teilergebnissen.

1.  **Wir erarbeiten die Fälle mithilfe der Methode Gruppenpuzzle.**

2. **In der Stammgruppe erhalte ich Aufgaben zu einem Fall und löse diese.**

$$327 \cdot 201$$

3. **Ich bespreche meinen Fall „Null im 2. Faktor" in der Profigruppe.**

4.  **Als Profi vermittle ich mein Wissen dann in der Stammgruppe.**

 Worauf musst du achten, wenn bei der schriftlichen Multiplikation eine Null dabei ist?

In der Stammgruppe haben die SuS unterschiedliche Fälle. In der Profigruppe haben sie den gleichen Fall, besprechen ihn und erklären ihn in der Stammgruppe.

61

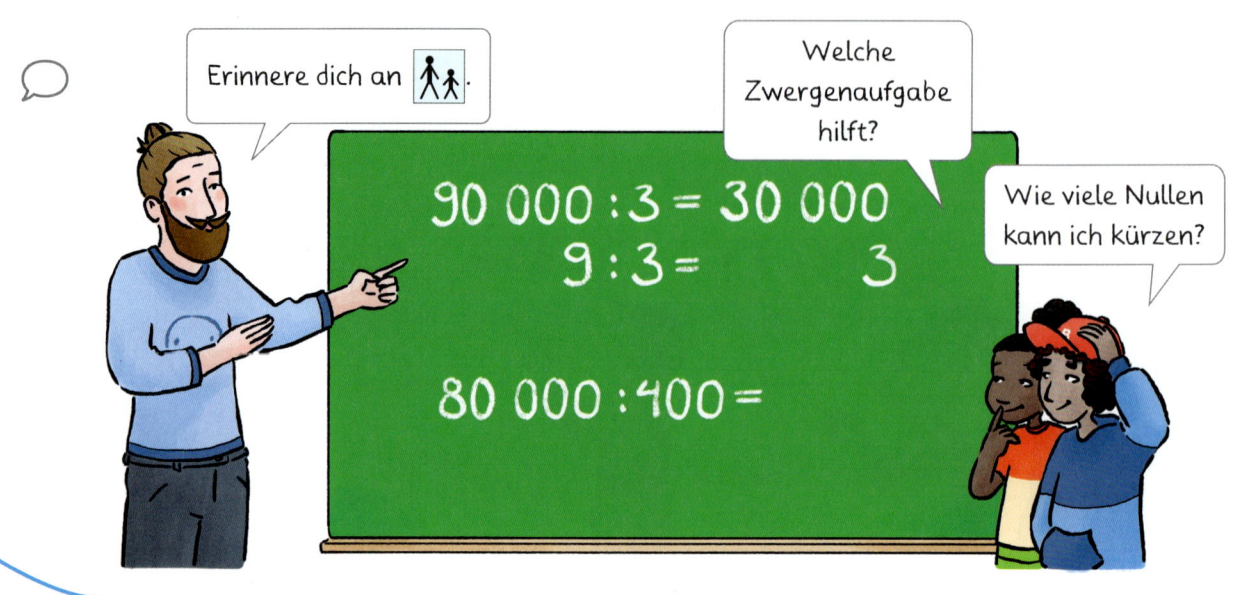

Erinnere dich an 👫.

Welche Zwergenaufgabe hilft?

Wie viele Nullen kann ich kürzen?

$$90\,000 : 3 = 30\,000$$
$$9 : 3 = 3$$

$$80\,000 : 400 =$$

1. ✋

Die beiden Aufgaben passen zusammen.

$$28\,000 : 7$$ $$28 : 7$$

28 000	:	4	=	7 000
Dividend		Divisor		Quotient

2. ✏️

Ich markiere die Zwergenaufgabe in der Riesenaufgabe.

$$2\,8\,0\,0\,0 : 7 =$$
$$2\,8 : 7 =$$

3. ✏️

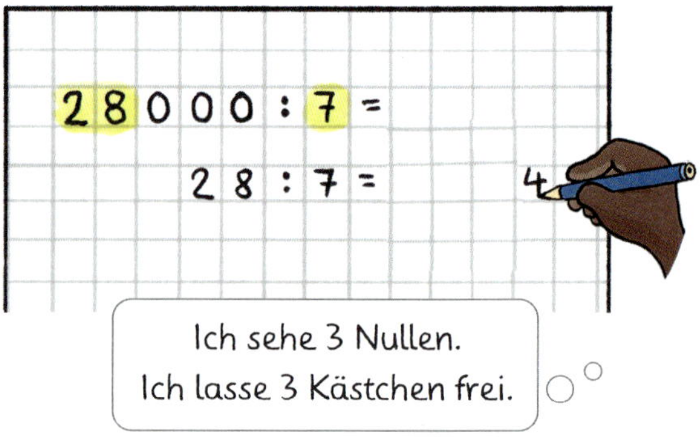

$$2\,8\,0\,0\,0 : 7 =$$
$$2\,8 : 7 =$$

Ich sehe 3 Nullen. Ich lasse 3 Kästchen frei.

Wie kannst du eine Riesenaufgabe im Kopf lösen?
Wie viele Nullen hat der Quotient?

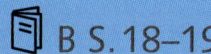
Zerlege in möglichst große Zahlen, die du durch 8 teilen kannst.

Ich denke an die Vielfachen von 8.

$12\,992 : 8 =$

1.

Möglichst wenig Teilaufgaben …

$12\,992 : 8$

$12\,992 : 8 =$

2.

$12\,992 : 8 =$
$8\,000 : 8 =$
$4\,800 : 8 =$
$160 : 8 =$
$32 : 8 =$

3.

$12\,992 : 8 =$
$8\,000 : 8 = 1\,000$
$4\,800 : 8 = 600$
$160 : 8 = 20$
$32 : 8 =$

4.

$12\,992 : 8 = 1\,624$
$8\,000 : 8 = 1\,000$
$4\,800 : 8 = 600$
$160 : 8 = 20$
$32 : 8 = 4$

$1\,000 + 600 + 20 + 4 = 1\,624$

Wie hast du den Dividenden zerlegt? Wie hast du das größte gemeinsame Vielfache gefunden?

Wir dividieren stellenweise:
H – Z – E

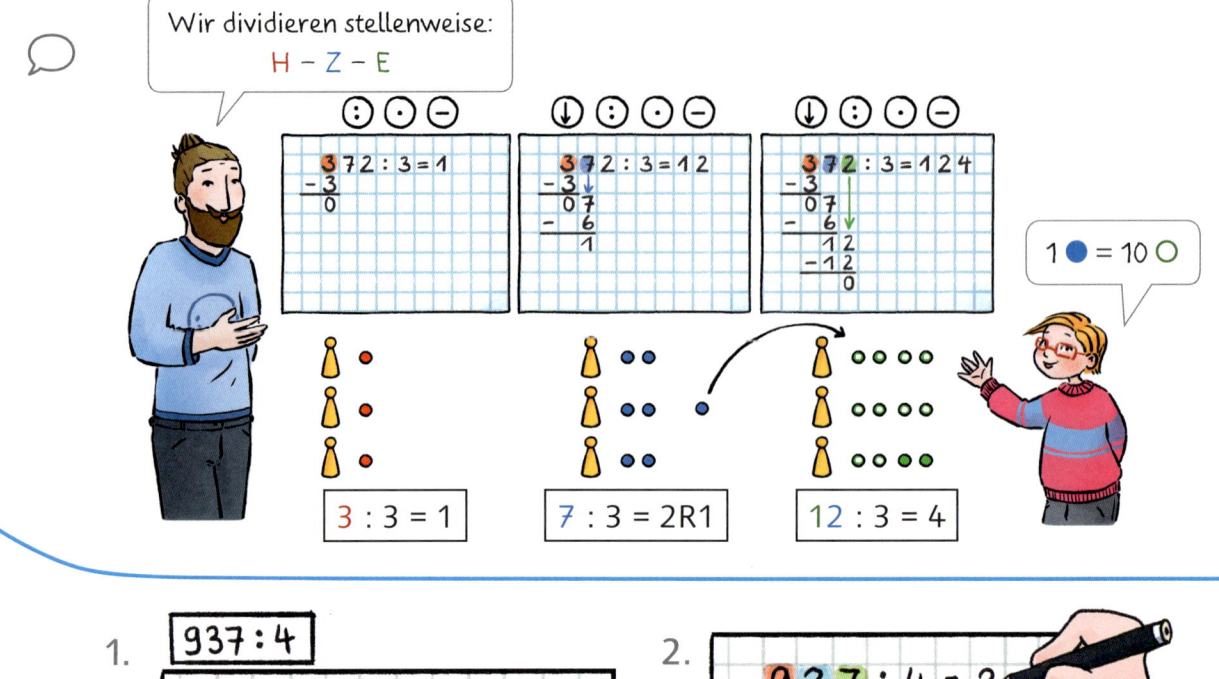

⊘ ⊙ ⊖

$3\,7\,2 : 3 = 1$
-3
0

$3 : 3 = 1$

↓ ⊘ ⊙ ⊖

$3\,7\,2 : 3 = 12$
-3
07
-6
1

$7 : 3 = 2 R1$

↓ ⊘ ⊙ ⊖

$3\,7\,2 : 3 = 124$
-3
07
6
12
-12
0

$12 : 3 = 4$

$1 \bullet = 10 \circ$

---

1. $937 : 4$

$9\,3\,7 : 4 =$

2.

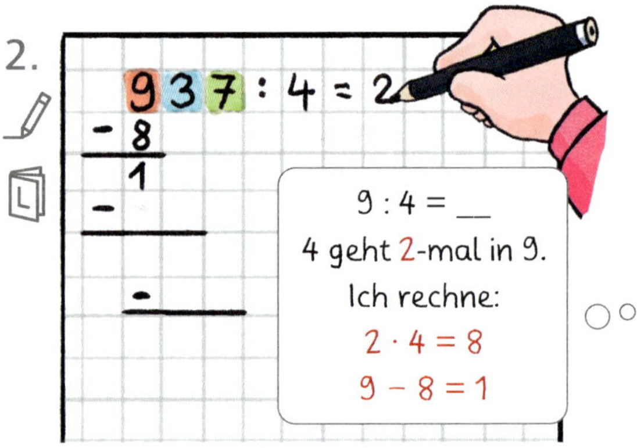

$9\,3\,7 : 4 = 2$
-8
1

$9 : 4 = \underline{\ \ }$
4 geht 2-mal in 9.
Ich rechne:
$2 \cdot 4 = 8$
$9 - 8 = 1$

3.

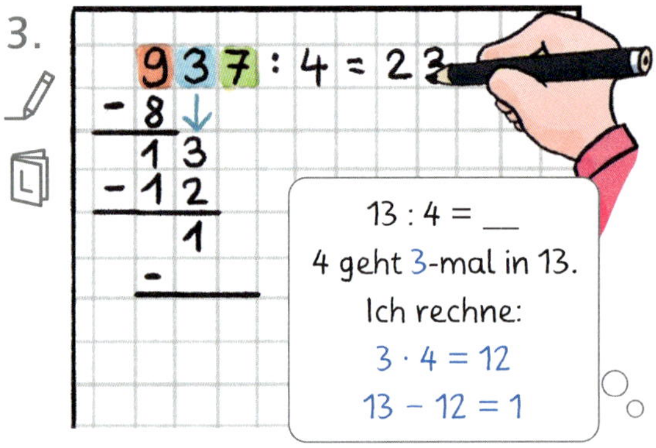

$9\,3\,7 : 4 = 23$
-8 ↓
13
-12
1

$13 : 4 = \underline{\ \ }$
4 geht 3-mal in 13.
Ich rechne:
$3 \cdot 4 = 12$
$13 - 12 = 1$

4.

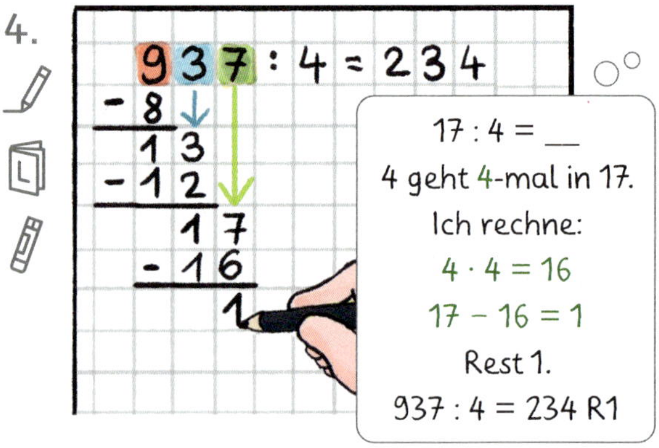

$9\,3\,7 : 4 = 234$
-8 ↓
13
-12
17
-16
1

$17 : 4 = \underline{\ \ }$
4 geht 4-mal in 17.
Ich rechne:
$4 \cdot 4 = 16$
$17 - 16 = 1$
Rest 1.
$937 : 4 = 234 \text{ R} 1$

Wie gehst du bei der schriftlichen Division vor?
Wie machst du die Probe ohne/mit Rest?

 Die 1. Ziffer des Dividenden ist kleiner als der Divisor.
Ich nehme den nächsten Stellenwert dazu.

5 : 6 geht nicht.
53 : 6 = __

1.

$592 : 8 =$

2.

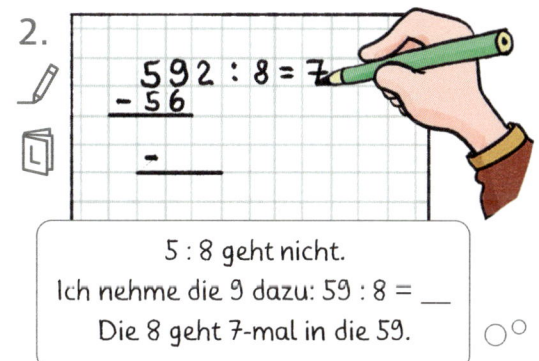

$592 : 8 = 7$

5 : 8 geht nicht.
Ich nehme die 9 dazu: 59 : 8 = __
Die 8 geht 7-mal in die 59.

3.

$592 : 8 = 7$

Ich rechne:
$7 \cdot 8 = 56$
$59 - 56 = 3$

4.

$592 : 8 = 74$

Ich rechne die Aufgabe
zu Ende.

 Bei welchen Aufgaben musst du zu Beginn den 2. Stellenwert dazunehmen?

Achtung bei Nullen in Divisionsaufgaben!

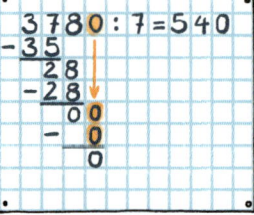

Null als letzte Ziffer

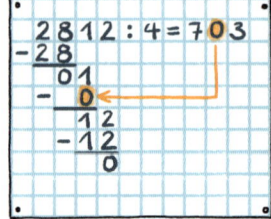

Null als Ergebnis bei zu kleinem Dividenden

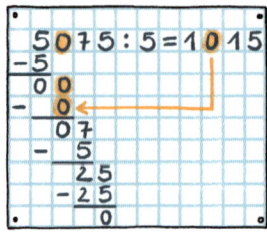

Null in Dividend und Quotient

1. Wir erarbeiten die Fälle mithilfe der Methode Gruppenpuzzle.

2. In der Stammgruppe erhalte ich Aufgaben zu einem Fall und löse diese.

3. Ich bespreche meinen Fall in der Profigruppe.

4. Als Profi vermittle ich mein Wissen dann in der Stammgruppe.

Worauf musst du achten, wenn bei der schriftlichen Division eine Null dabei ist?

Mit mehrstelligem Divisor

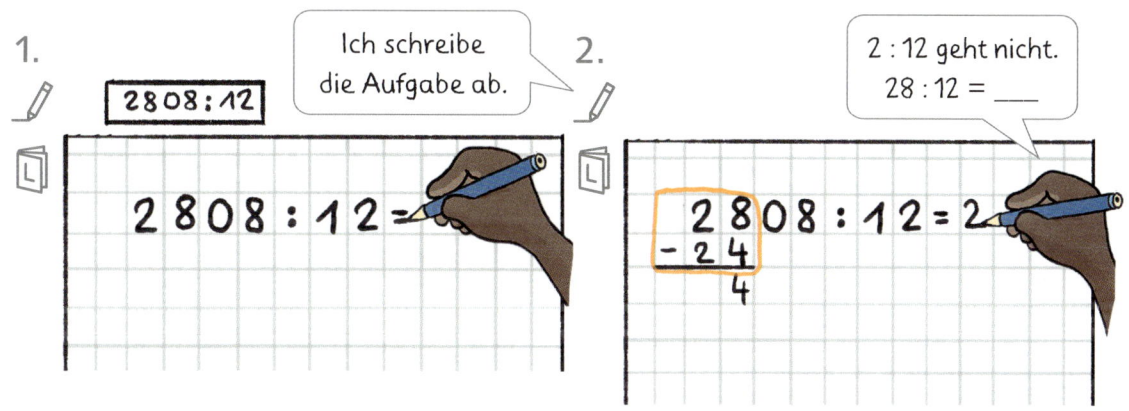

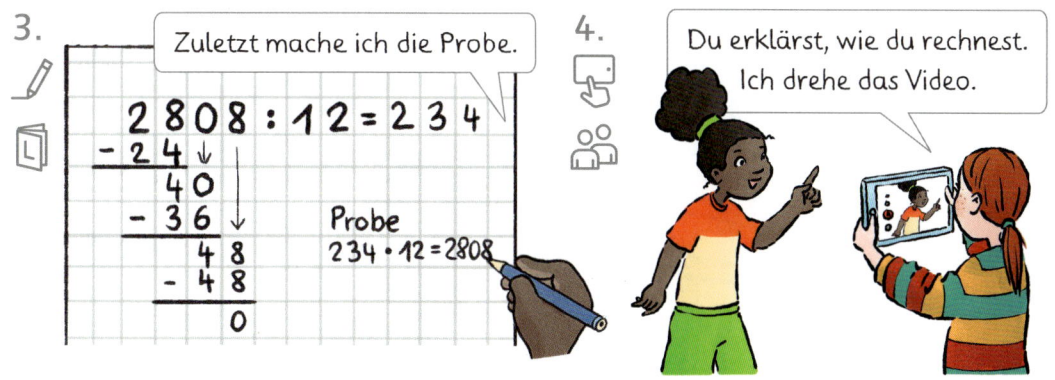

Wie gehst du bei einem 3-stelligem Divisor vor?

Gewichte in der Umwelt

1.

_____

Was hast du Neues entdeckt?

_____

68

Direkter Vergleich

Welcher Gegenstand ist schwerer?

Wie kann ich das Gewicht vergleichen?

Ich vergleiche das Gewicht mit den Händen.

Ich prüfe mit der Bügelwaage. Was schwerer ist, hängt tiefer.

das Gewicht
die Waage
wiegen

1.

Von leicht zu schwer …

2.

Ich schätze:
leicht
- Radiergummi
- Füller
- Federtasche
- Buch
- Schultas...
schwe...

3.

Was ist schwerer?

4.

Sind größere Gegenstände immer schwerer?

Ich schätze:
leicht
- Radiergummi
- Füller
- Federtasche
- Buch
- Schultasche
schwer

Ich messe:
leicht
- Füller
- Radiegummi
- Federtasche
- Schultasche
- Buch
schwer

Was kann die Bügelwaage, was kann sie nicht?

1.

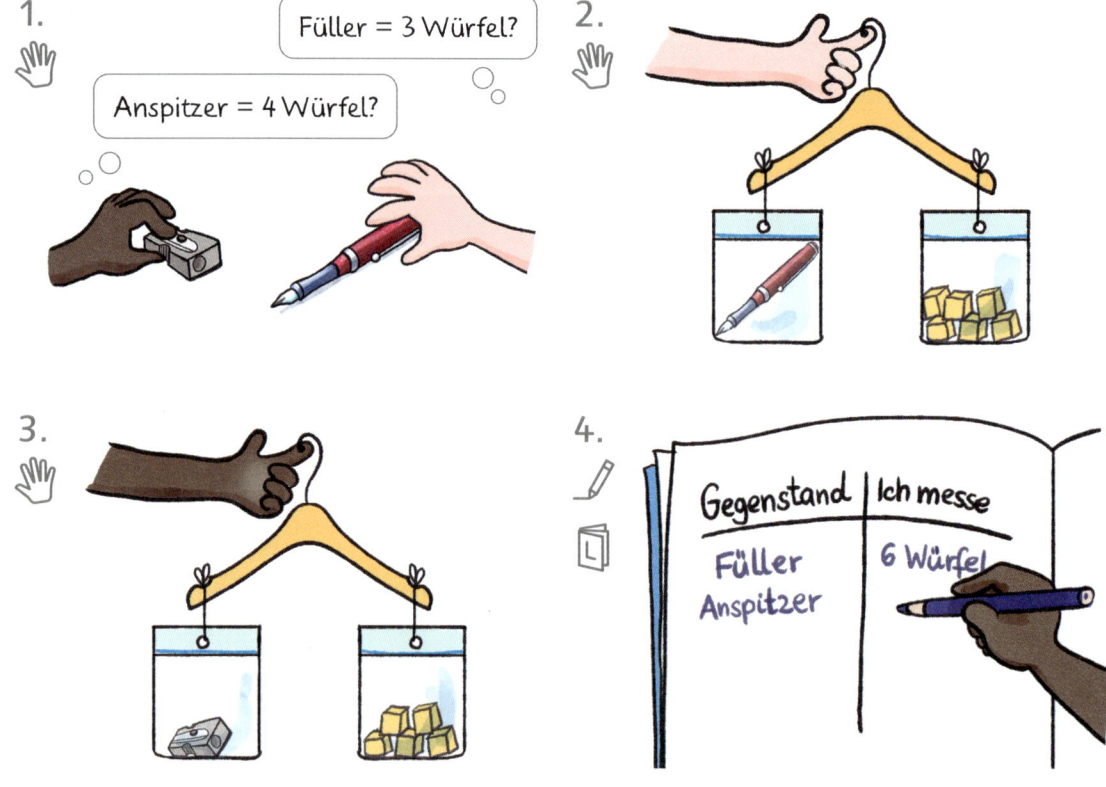

2.

3.

4.

?! Wann hilft die das Wiegen mit Vergleichsgrößen? Wann nicht?

Hinweis: Als Vergleichsgröße kann anstelle des Holzwürfels (4 g) auch ein anderer Gegenstand verwendet werden, der in vielfacher Anzahl zur Verfügung steht.

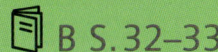 

Jetzt ist die Waage im Gleichgewicht.

Die Federtasche wiegt 280 g.

Wir nutzen Gewichtsstücke.

1 Kilogramm = 1000 Gramm
1 kg = 1000 g

1. STATION Gewicht schätzen und wiegen — STATION Gewicht ablesen

2. Ich schätze: 500 g

3.

Gegenstand	Ich schätze	Ich messe
Fußball	500 g	445 g

4. STATION Gewichte sortieren

Wann hilft dir das Wiegen mit Gewichtsstücken? Wann nicht?
Warum gibt es Gewichtsstücke mit 1 g, 2 g, 5 g …, aber nicht mit 27 g?

1.–4. Stationsarbeit.

1. 🖐 ✏ ✂ 📖

2. ✏ 📖 Ich schätze.

Gegenstand	Schätzung	gewogener Wert	Unterschied
🎨	200 g		

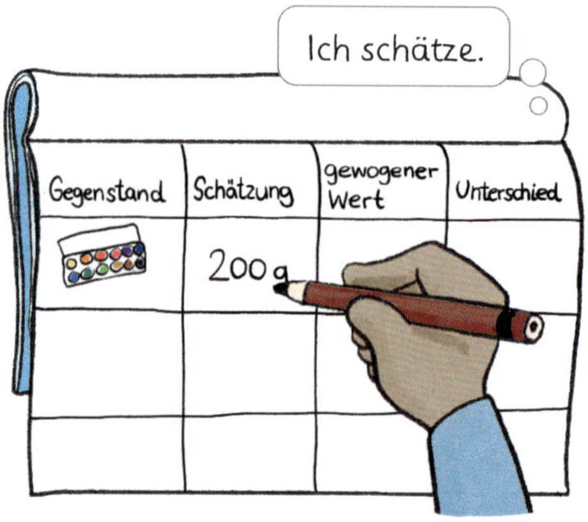

3. 🖐 Ich messe.

194 g

4. ✏ 📖 Ich habe mich um 6 g verschätzt.

Gegenstand	Schätzung	gewogener Wert	Unterschied
🎨	200 g	194 g	6 g

❓ Hast du das Gewicht gut geschätzt? Mit welcher Waage hast du deine Schätzung überprüft? Warum?

Vergleichsgrößen

1. Wie schwer ungefähr?

2. Alles ungefähr 500 g.

3. Welchen Gegenstand wähle ich als meine Vergleichsgröße?

4.

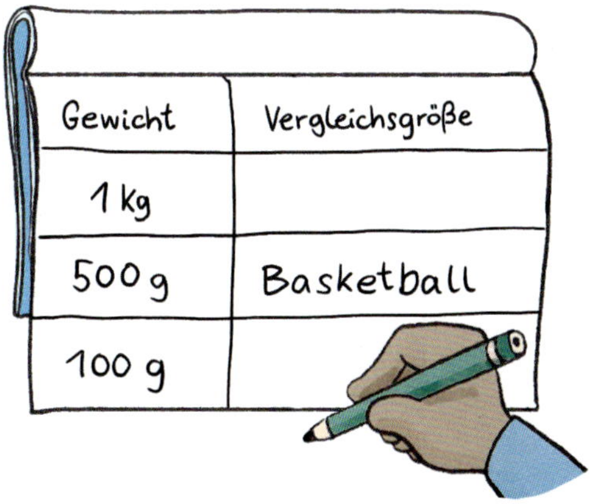

Gewicht	Vergleichsgröße
1 kg	
500 g	Basketball
100 g	

?! Warum ist es gut, Vergleichsgrößen zu kennen?

Nach **2.** folgt eine Zwischenreflexion und Überprüfung der Zuordnungen.

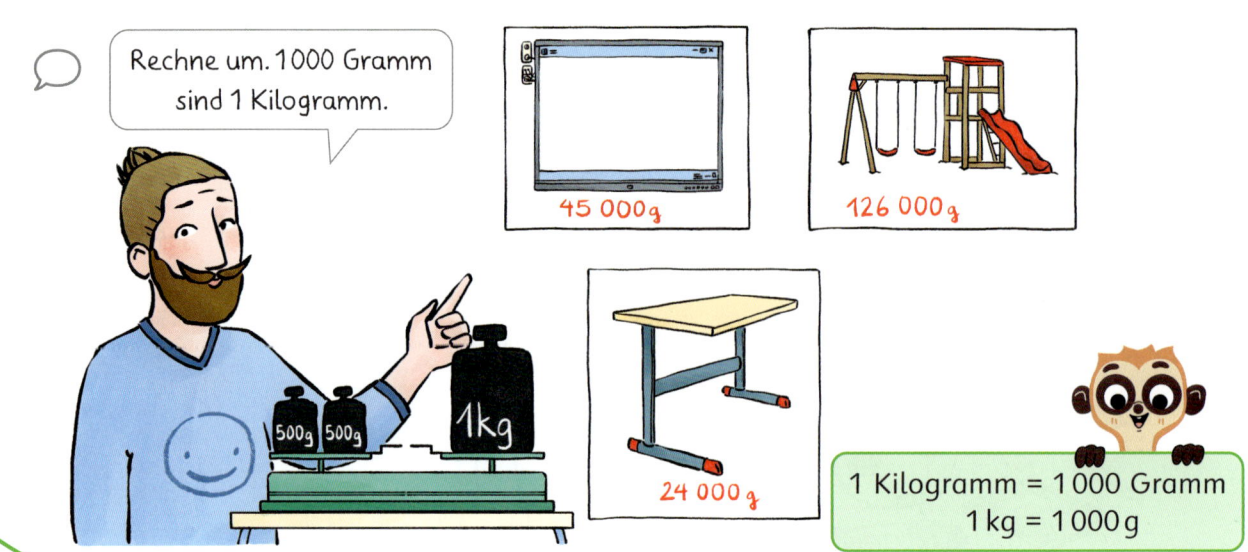

Rechne um. 1000 Gramm sind 1 Kilogramm.

45 000 g

126 000 g

1 kg

24 000 g

1 Kilogramm = 1 000 Gramm
1 kg = 1 000 g

1.

3600 g

11 kg

40 g

2.

3600 g = 3 kg 600 g

Ich rechne um.

3.

3600 g = 3 kg 600 g

11 kg = 11 000 g

4.

3600 g = 3 kg 600 g

11 kg = 11 000 g

40 g = 0 kg 40 g

⁉ Wie hast du umgerechnet?

Schreibweisen

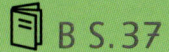

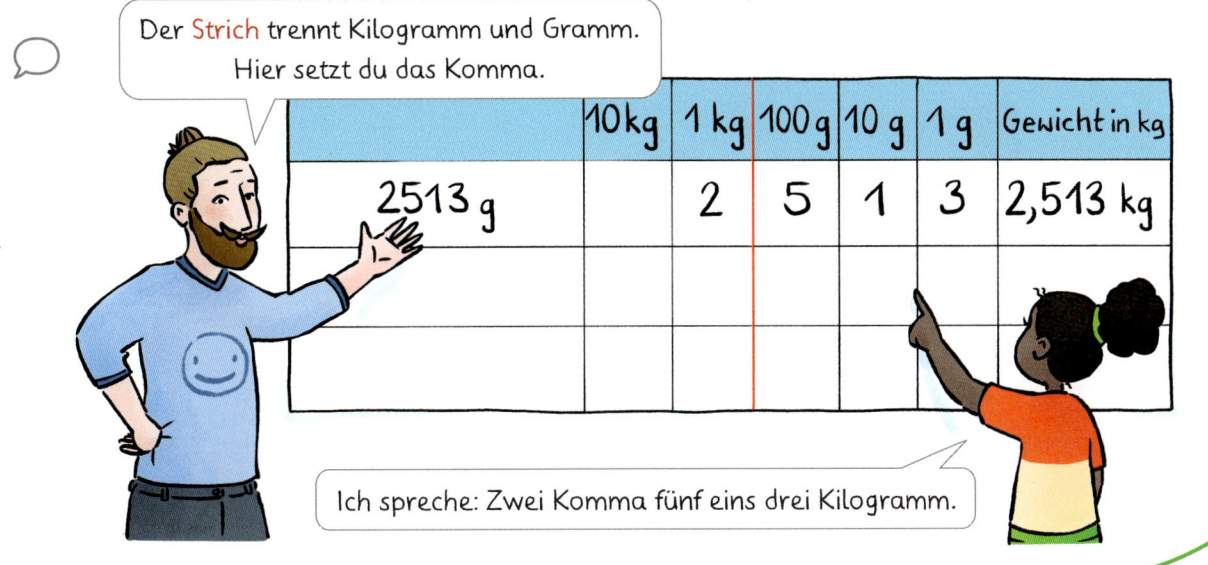

Der **Strich** trennt Kilogramm und Gramm. Hier setzt du das Komma.

	10 kg	1 kg	100 g	10 g	1 g	Gewicht in kg
2513 g		2	5	1	3	2,513 kg

Ich spreche: Zwei Komma fünf eins drei Kilogramm.

1.

	10 kg	1 kg	100 g	10 g	1 g	Gewicht in kg
4208 g						

2.

	10 kg	1 kg	100 g	10 g	1 g	Gewicht in kg
4208 g		4	2	0	8	

3.

	10 kg	1 kg	100 g	10 g	1 g	Gewicht in kg
4208 g		4	2	0	8	4,208 kg

?! Wie gibst du das Gewicht in der Kommaschreibweise an?

Hinweis: Die SuS können die Kilogramm-Gramm-Tabelle als Hilfe nutzen.

75

1. 👥 ✋ 📏 ✏️

58 g
800 g
260 g
97 g
260 g

Station: Wiegen

2. ✋ ✏️

$$
\begin{array}{r}
8\,0\,0 \text{ g} \\
+\ 2\,6\,0 \text{ g} \\
+\quad\ 9\,7 \text{ g} \\
+\quad\ 5\,8 \text{ g} \\
\hline
1\,2\,1\,5 \text{ g}
\end{array}
$$

Station: Packen

3. ✋ 👁

Das Paket ist 215 g zu schwer.

1 kg

1215 g

Station: Prüfen

4. ✋ 👁

Was nehme ich raus, damit es nicht mehr als 1 kg wiegt?

Station: Umpacken

?! Wie hast du gerechnet? Hast du einen Tipp?

1.–4. Stationsarbeit. Die SuS absolvieren die Stationen in dieser Reihenfolge.

Die Tonne

1.

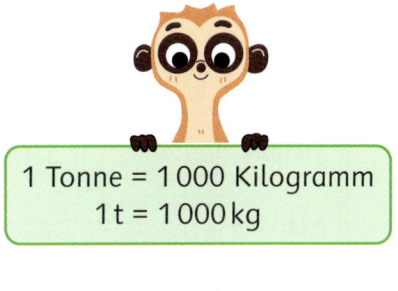

1 Tonne = 1000 Kilogramm
1 t = 1000 kg

2.

3080 kg = 3 t 80 kg
15 t = _____
82 kg = 0 t 82 kg

3.

STATION Schreibweisen

Wann rechnest du in Kilogramm, wann in Tonnen?

1.–3. Stationsarbeit.

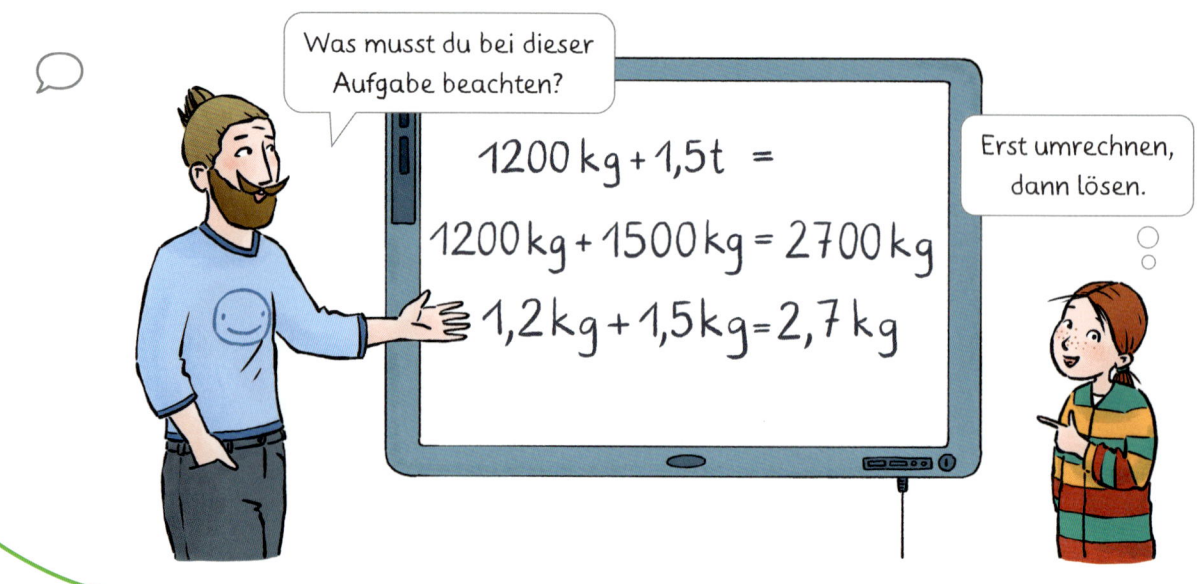

Was musst du bei dieser Aufgabe beachten?

$$1200\,kg + 1,5\,t =$$
$$1200\,kg + 1500\,kg = 2700\,kg$$
$$1,2\,kg + 1,5\,kg = 2,7\,kg$$

Erst umrechnen, dann lösen.

1.

STATION Addition

STATION Ergänzen

2.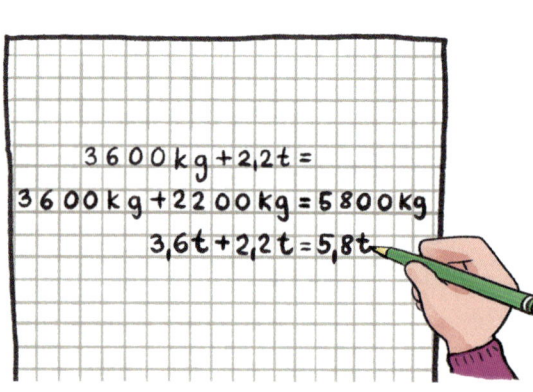

$$3600\,kg + 2,2\,t =$$
$$3600\,kg + 2200\,kg = 5800\,kg$$
$$3,6\,t + 2,2\,t = 5,8\,t$$

3.

STATION Subtraktion

STATION STATION

 Wie hast du gerechnet? Hast du einen Tipp?

1.–3. Stationsarbeit.

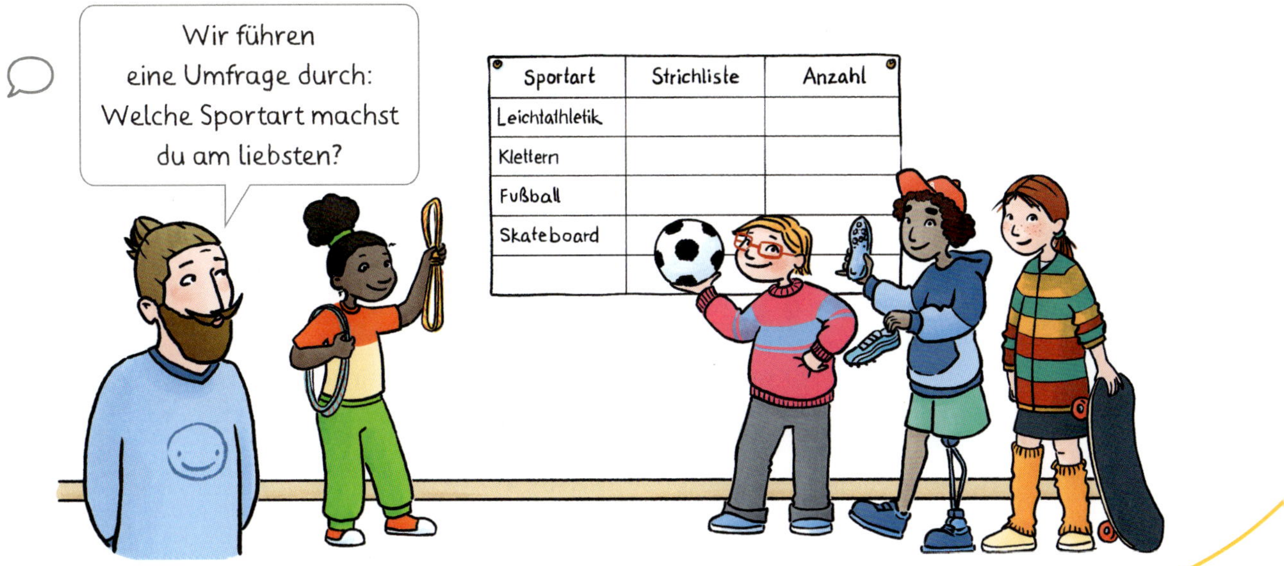

Wir führen eine Umfrage durch: Welche Sportart machst du am liebsten?

Sportart	Strichliste	Anzahl
Leichtathletik		
Klettern		
Fußball		
Skateboard		

1.

Ich vermute, die beliebteste Sportart in unserer Klasse ist _____.

2.

Sportart	Strichliste	Anzahl
Leichtathletik		
Klettern		
Fußball		
Skateboard		
gesamt		

3.

Sportart	Strichliste	Anzahl
Leichtathletik	ⅢⅢ I	
Klettern	‖‖	
Fußball	ⅢⅢ ‖‖	
Skateboard	‖	
gesamt		

4.

Sportart	Strichliste	Anzahl
Leichtathletik	ⅢⅢ I	6
Klettern	‖‖	4
Fußball	ⅢⅢ ‖‖	8
Skateboard	‖	2
gesamt		20

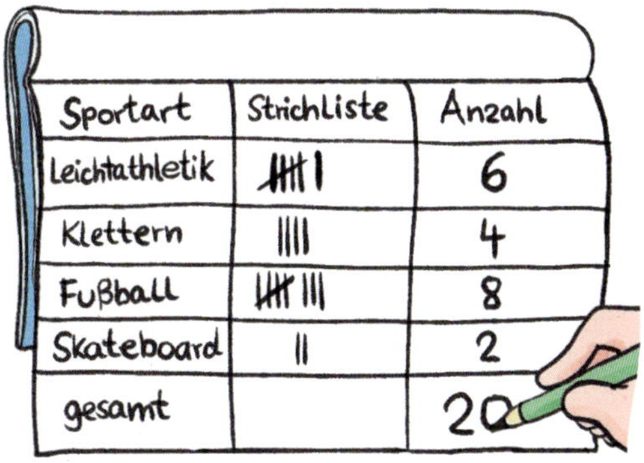

?! Was ist das Ergebnis der Umfrage? Gab es Schwierigkeiten beim Durchführen der Umfrage?

Bei den Antwortmöglichkeiten der Umfrage auch die Kategorien „andere" und „keine" mit aufnehmen.

Daten darstellen

In einem Diagramm können wir die Ergebnisse der Umfrage anschaulich darstellen.

Was muss ich beim Erstellen eines Diagrammes beachten?

das Säulendiagramm

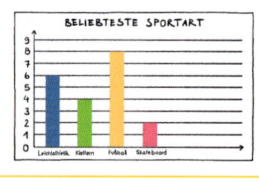

das Balkendiagramm

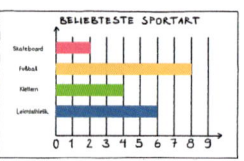

das Kreisdiagramm

das Bildzeichendiagramm

1.

Sportart	Anzahl
Leichtathletik	6
Klettern	4
Fußball	8
Skateboard	2
gesamt	20

2.

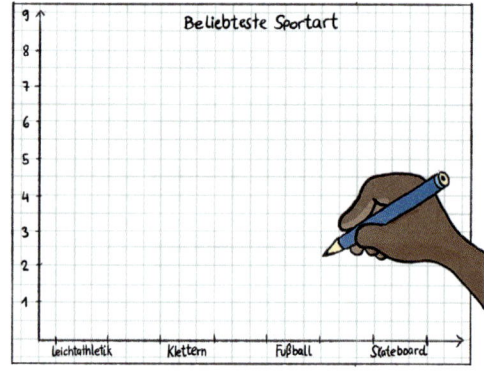

3.

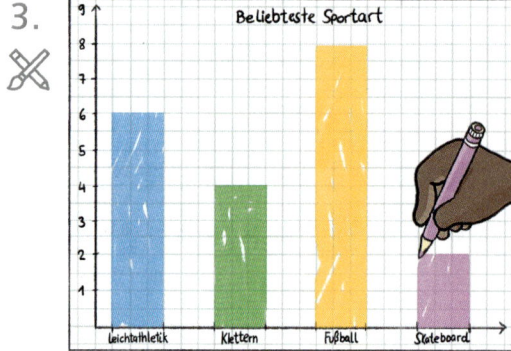

4.

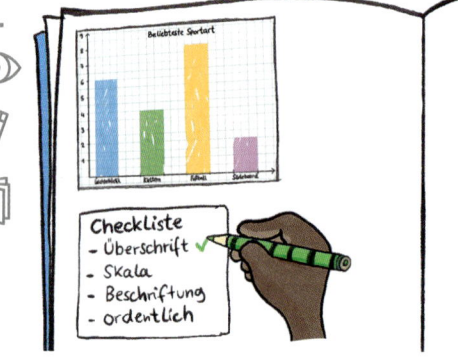

Checkliste
- Überschrift ✓
- Skala
- Beschriftung
- ordentlich

Hast du die Merkmale für ein gelungenes Diagramm beachtet?
Kannst du die Ergebnisse der Umfrage aus deinem Diagramm leicht ablesen?

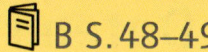

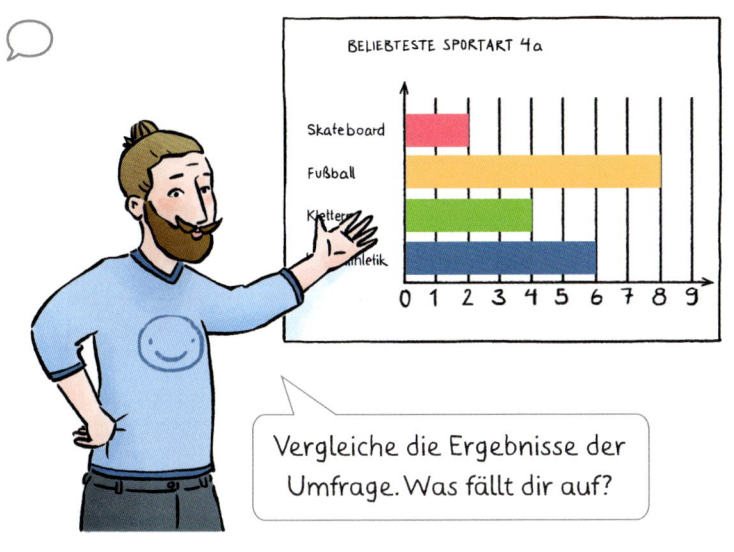

Vergleiche die Ergebnisse der Umfrage. Was fällt dir auf?

1. Ich vergleiche.

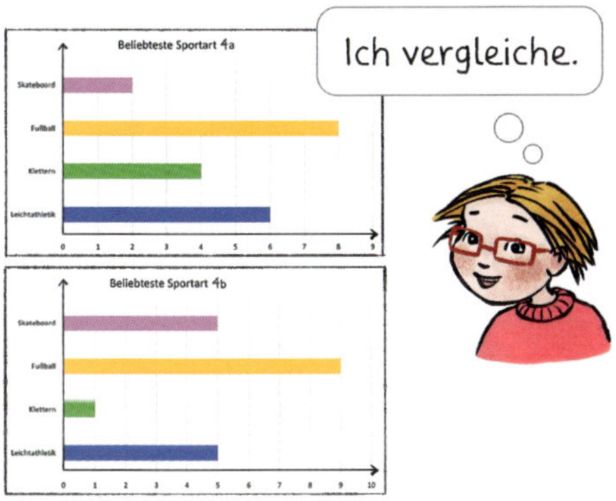

2. Was fällt dir beim Vergleich auf?

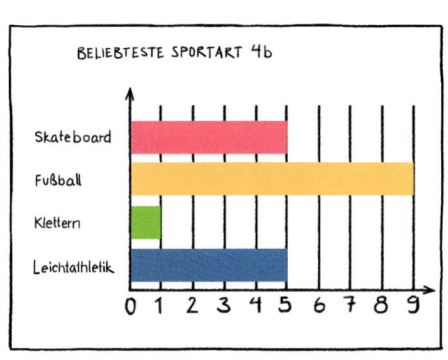

3. Ich markiere auffällige Anzahlen.

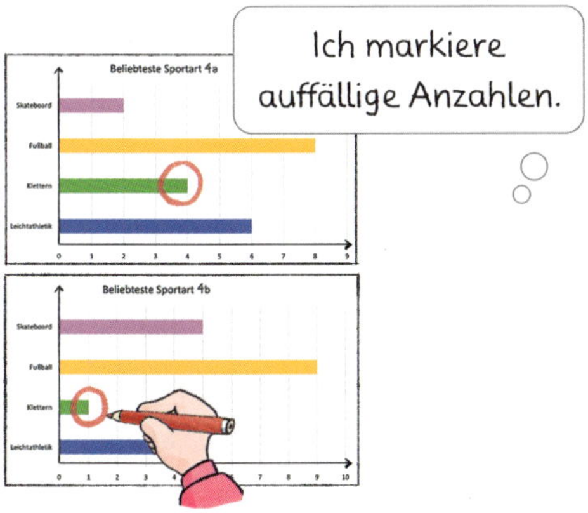

4. Das Vergleichen der beiden Diagramme zeigt, dass

Welche Gemeinsamkeiten/Unterschiede gibt es bei den Ergebnissen der Umfrage in den beiden Klassen?

Daten runden

B S. 50–51

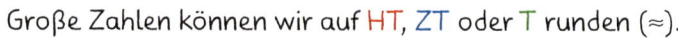

Große Zahlen können wir auf HT, ZT oder T runden (≈).

Ich betrachte die Ziffer, die hinter der Stelle steht, bis zu der ich runden will.

Die gerundete Zahl ist ein ungefährer Wert.

Ich runde Zahlen, damit ich sie gut im Diagramm eintragen kann.

0, 1, 2, 3, 4 ↓ abrunden   5, 6, 7, 8, 9 ↑ abrunden

Tausender	Zehntausender	Hunderttausender
154 065 ≈ 154 000	154 065 ≈ 150 000	716 843 ≈ 700 000
716 843 ≈ 717 000	716 843 ≈ 720 000	154 065 ≈ 200 000

1.

Sportart	Anzahl
Leichtathletik	29 385
Klettern	18 943
Fußball	36 529
Skateboard	9 761
gesamt	94 618

2.

Gerundet auf ZT

29 385 ≈ 30 000
18 943 ≈ 20 000
36 529 ≈ 40 000
9 761 ≈ 10 000

3.

4.

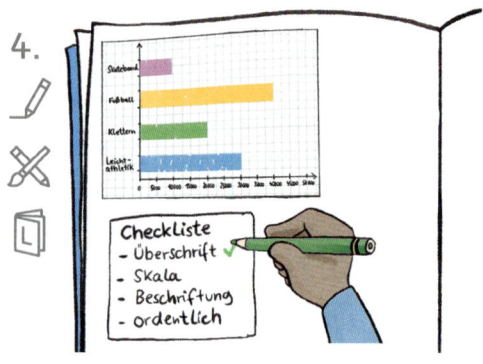

Checkliste
- Überschrift ✓
- Skala
- Beschriftung
- ordentlich

 Welche Vorteile hat das Runden? Welche Nachteile?

Rechenregeln (I)

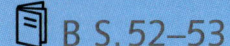 B S. 52–53

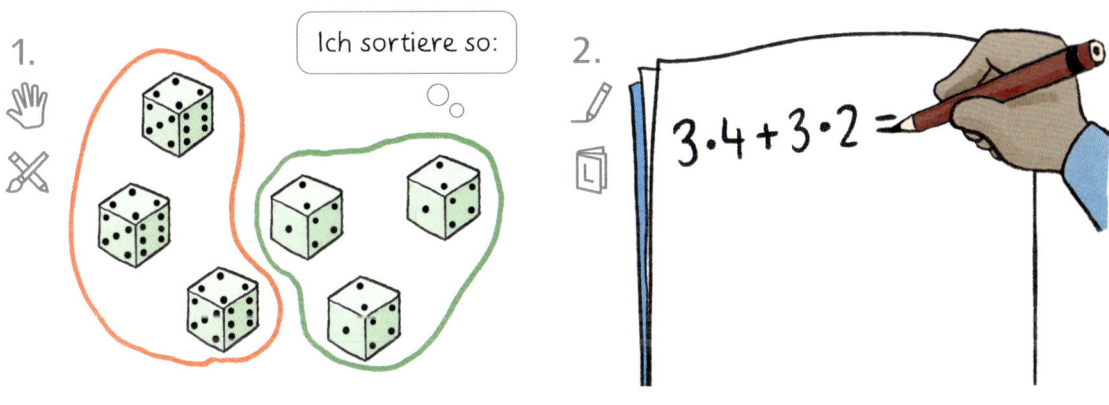

Punkt vor Strich.

In welchen Schritten hast du gerechnet?
Hast du die Rechenregel richtig angewendet?

Rechenregeln (II)

B S. 52–53

Ich sehe dreimal die Aufgabe 4+2. Ich rechne:
$3 \cdot (4 + 2) =$
$3 \cdot \quad 6 \quad = 18$

Ich rechne:
$3 \cdot (4 + 2) =$
$12 \quad + 2 = 14$

Achtung, Rechenregel beachten! Ellas Rechnung ist richtig.

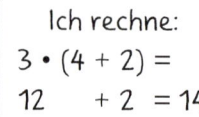

Rechenregel
Klammer zuerst

1.

Ich sortiere so:

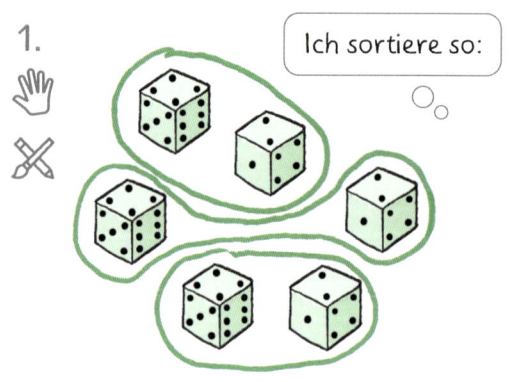

2.

3.

Klammer zuerst.

$$3 \cdot (4+2) = 18$$
$$4 + 2 = 6$$
$$3 \cdot 6 = 18$$

In welchen Schritten hast du gerechnet?
Hast du die Rechenregel richtig angewendet?

Rechengesetze

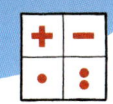

 Rechengesetze helfen dir, geschickt zu rechnen.

Vertauschungsgesetz
Beispiele:
$3 + 4 = 4 + 3$
$3 \cdot 7 = 7 \cdot 3$

Verteilungsgesetz
Beispiele:
$5 \cdot (3 + 4) = 5 \cdot 3 + 5 \cdot 4$
$2 \cdot (5 - 4) = 2 \cdot 5 - 2 \cdot 4$
$(6 + 4) : 2 = 6 : 2 + 4 : 2$
$(6 - 4) : 2 = 6 : 2 - 4 : 2$

Verbindungsgesetz
Beispiele:
$(3 + 2) + 5 = 3 + (2 + 5)$
$(4 \cdot 7) \cdot 3 = 4 \cdot (7 \cdot 3)$

gegensinniges Verändern
Beispiel:
$38 + 42 = (38 + 2) + (42 - 2)$

1.

STATION 1 Vertauschungsgesetz

STATION 2 Verteilungsgesetz

2.
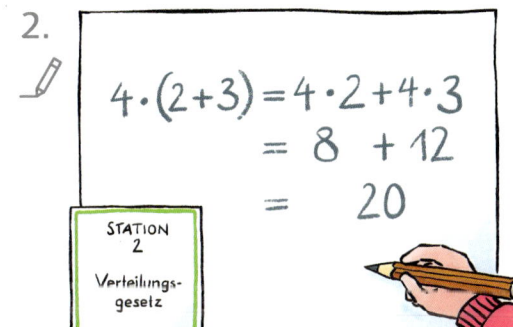

$$4 \cdot (2 + 3) = 4 \cdot 2 + 4 \cdot 3$$
$$= 8 + 12$$
$$= 20$$

STATION 2 Verteilungsgesetz

3.

STATION 4 Verbindungsgesetz

 Wie hast du gerechnet?

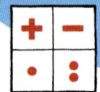

Wir nutzen die Rechengesetze, um Gedanken lesen zu können.

1. Wir probieren den Zahlenzaubertrick aus.

2. Denk dir eine Zahl. Verdopple die Zahl.

$7 \cdot 2 = 14$

3. Multipliziere das Ergebnis mit 5.

$14 \cdot 5$

4. Das Ergebnis ist 70.

Deine gedachte Zahl ist 7.

Wie ist Samu vorgegangen, um Ellas gedachte Zahl zu erraten?

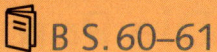 
Eine Strecke ist ein Abschnitt auf einer Geraden zwischen zwei Punkten.

Ich zeichne mit dem Geodreieck Geraden und Strecken.

Eine Gerade ist eine Linie, die unendlich lang ist.

das Geodreieck
die Gerade g
die Strecke $\overline{AB}$

1.

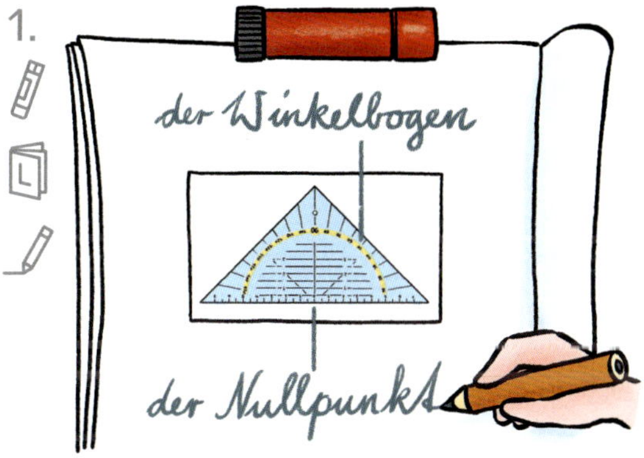

der Winkelbogen

der Nullpunkt

2.

Ich zeichne eine Gerade und beschrifte sie.

g

3.

Ich messe 6 cm ab und markiere den Anfangs- und Endpunkt.

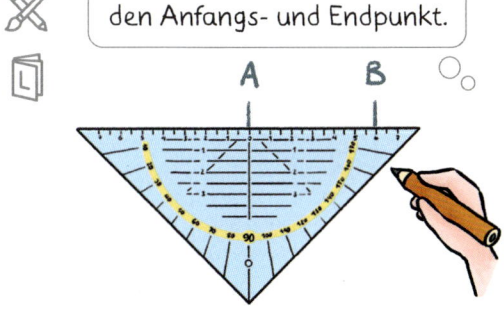

A   B

4.

Ich zeichne die Strecke $\overline{AB}$ zwischen den beiden Punkten ein.

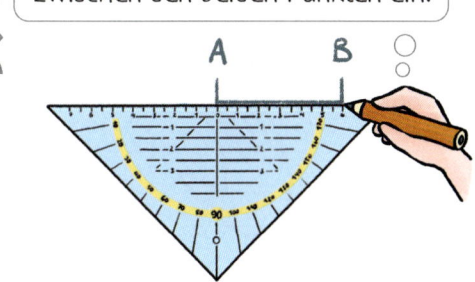

A   B

Wozu kann ich das Geodreieck nutzen?
Was ist der Unterschied zwischen einer Geraden und einer Strecke?

Nach Nr. **1.** folgt eine Zwischenreflexion.

Parallelen haben überall den gleichen Abstand zueinander.

Diese Linien auf dem Geodreieck sind parallel zur Kante des Lineals.

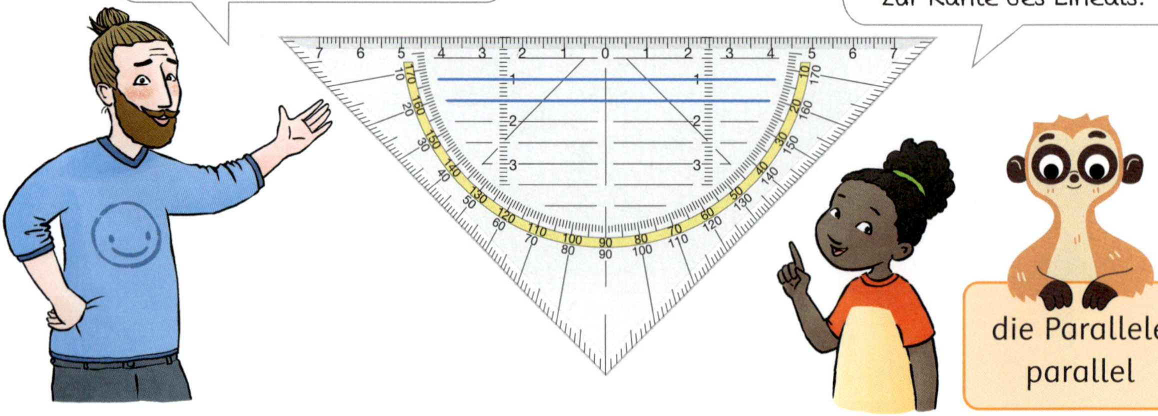

die Parallele
parallel

1. Ich suche Parallelen in der Umwelt.

2. Ich zeichne eine Gerade g.

3. Ich schiebe das Geodreieck nach oben, sodass eine der parallelen Linien des Geodreiecks auf der Geraden liegt.

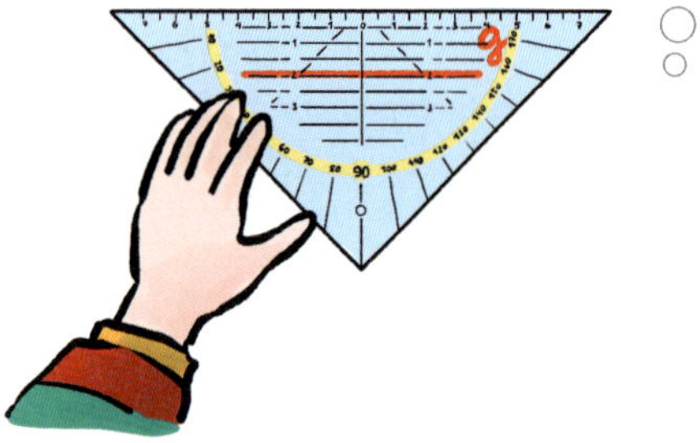

4. Ich zeichne die Parallele und beschrifte sie mit h.

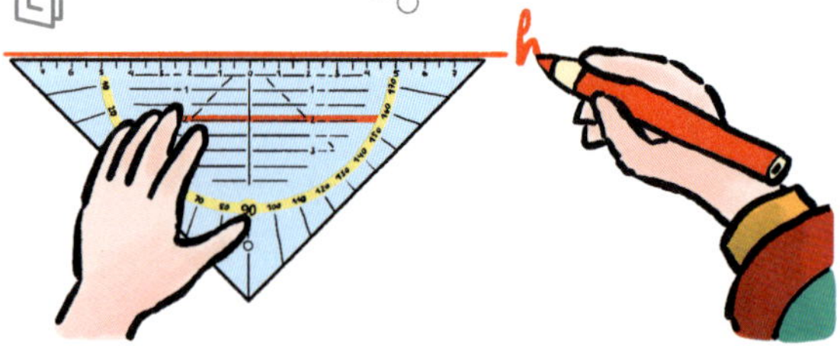

 In welchen Fällen ist es wichtig, dass Linien in der Umwelt parallel sind?

Nach Nr. **1.** folgt eine Zwischenreflexion. **2.–4.** Stationenarbeit.

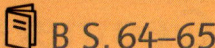 

Da ist ein rechter Winkel, er hat 90 Grad.
Beide Geraden sind senkrecht zueinander.

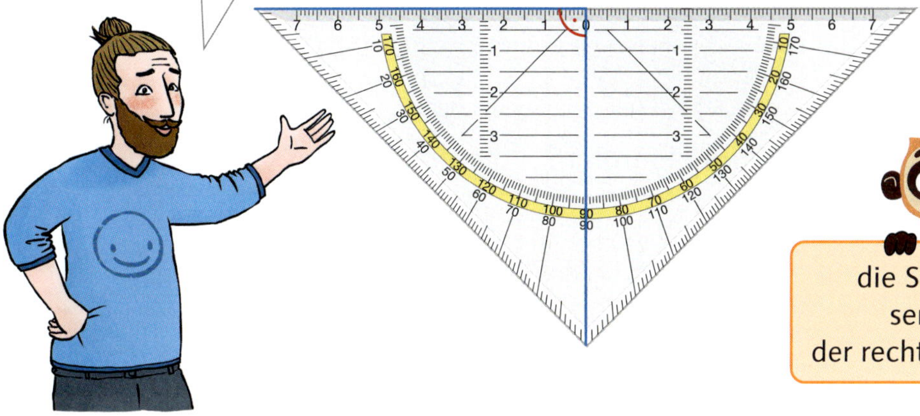

die Senkrechte
senkrecht
der rechte Winkel

1. Ich suche Senkrechte in der Umwelt.

2. Ich zeichne eine Gerade g.

3. Ich drehe das Geodreieck so, dass die Mittellinie auf der Geraden liegt. Ich zeichne die Senkrechte entlang der Linealkante.

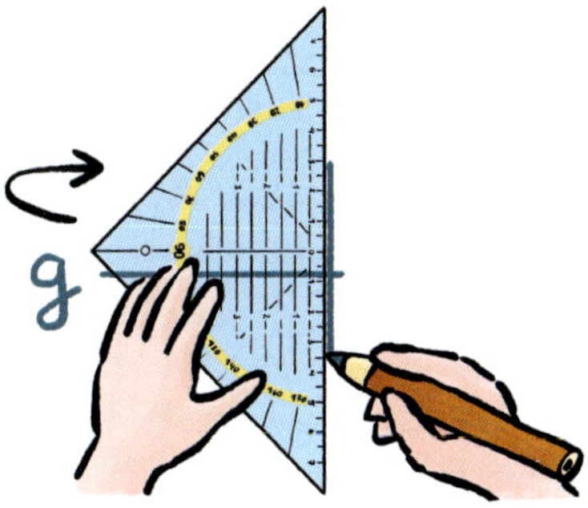

4. Ich markiere den rechten Winkel und beschrifte die Senkrechte mit h.

Woran erkennst du, ob zwei Geraden senkrecht zueinander sind?
Wie viele rechte Winkel entdeckst du auf dem Geodreieck?

Nach Nr. **1.** folgt eine Zwischenreflexion. **2.–4.** Stationenarbeit.

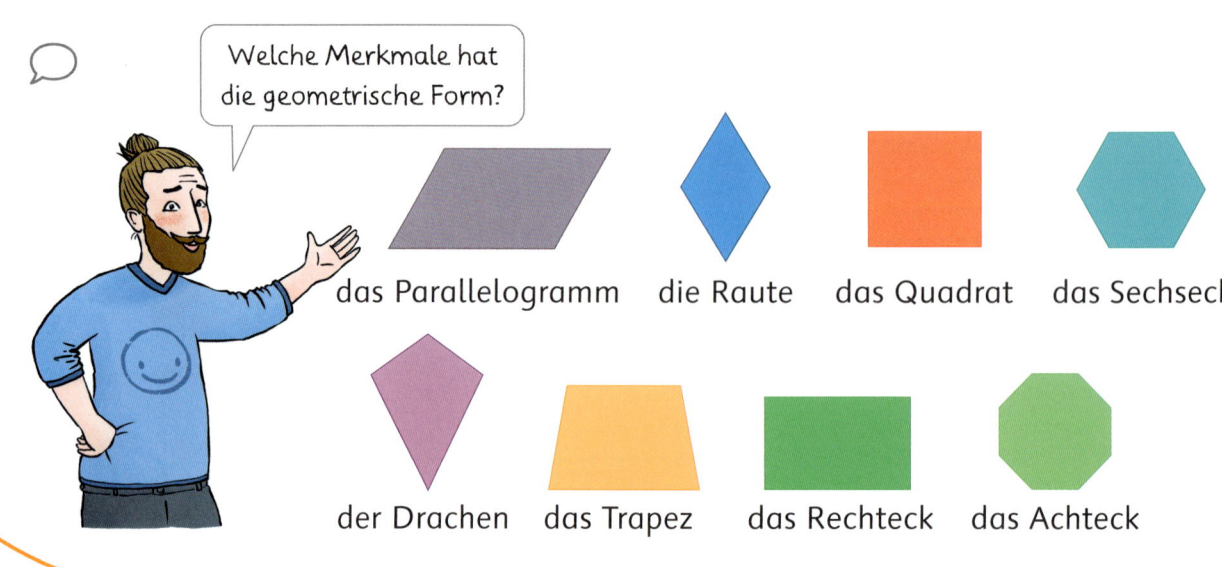

Welche Merkmale hat die geometrische Form?

das Parallelogramm   die Raute   das Quadrat   das Sechseck

der Drachen   das Trapez   das Rechteck   das Achteck

1.

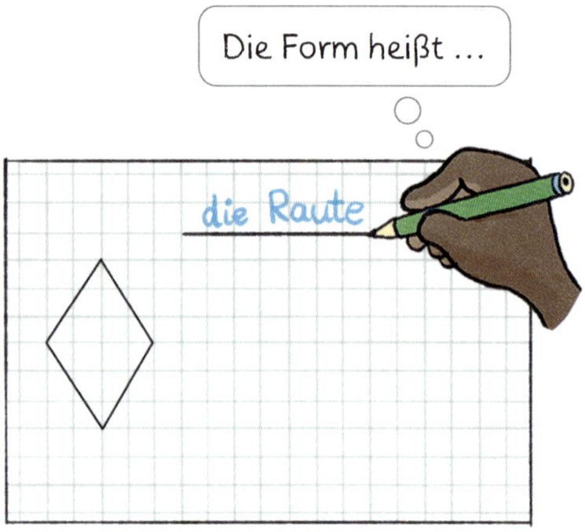

Die Form heißt …

die Raute

2.

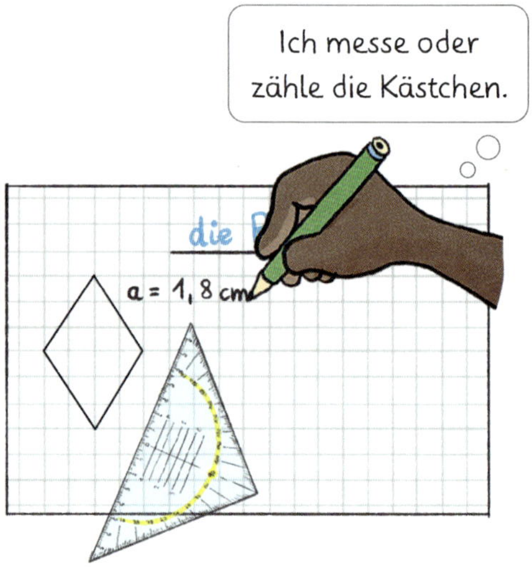

Ich messe oder zähle die Kästchen.

die R

$a = 1,8\ cm$

3.

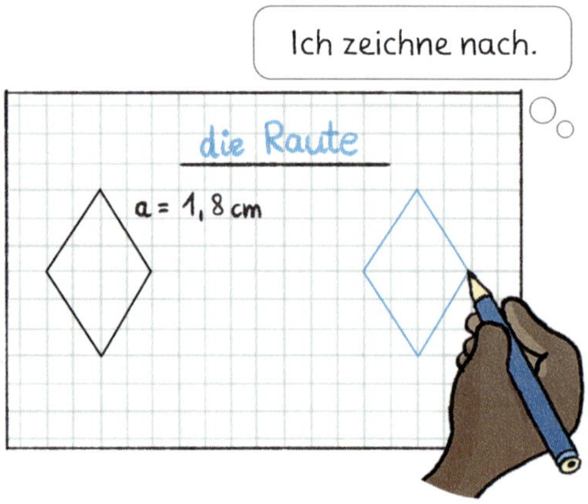

Ich zeichne nach.

die Raute

$a = 1,8\ cm$

4.

Steckbrief: die Raute

4 Ecken
___ Seiten
___ Seiten gleich lang
___ rechte Winkel
___ parallele Seiten
___ Symmetrieachsen

Wie heißt die geometrische Form? Welche Merkmale hat sie?

Das Haus der Vierecke

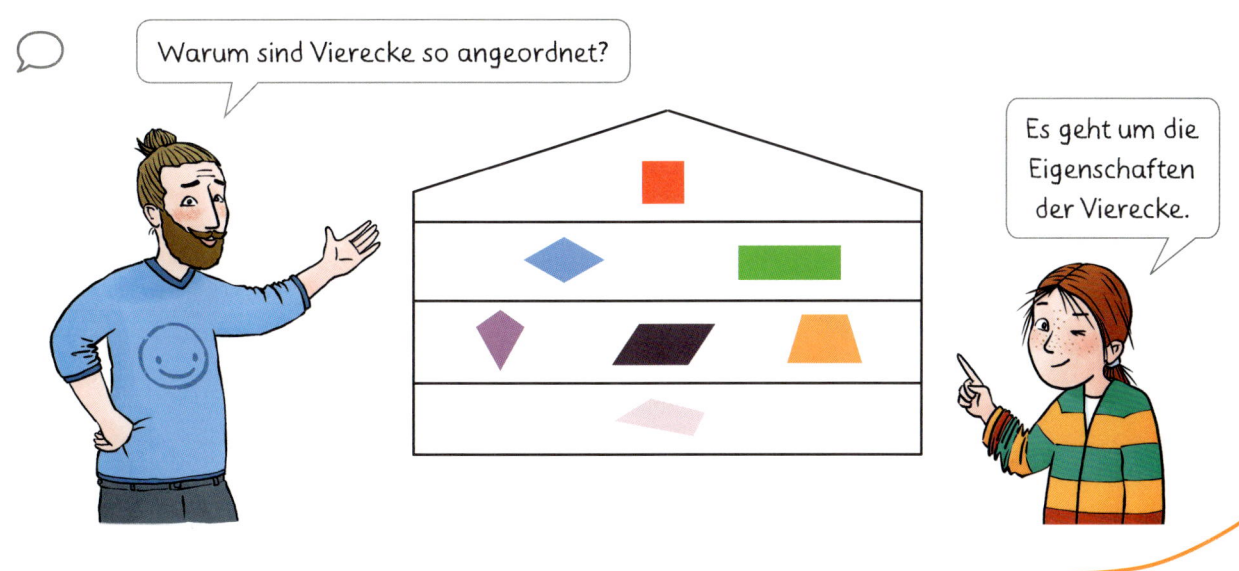

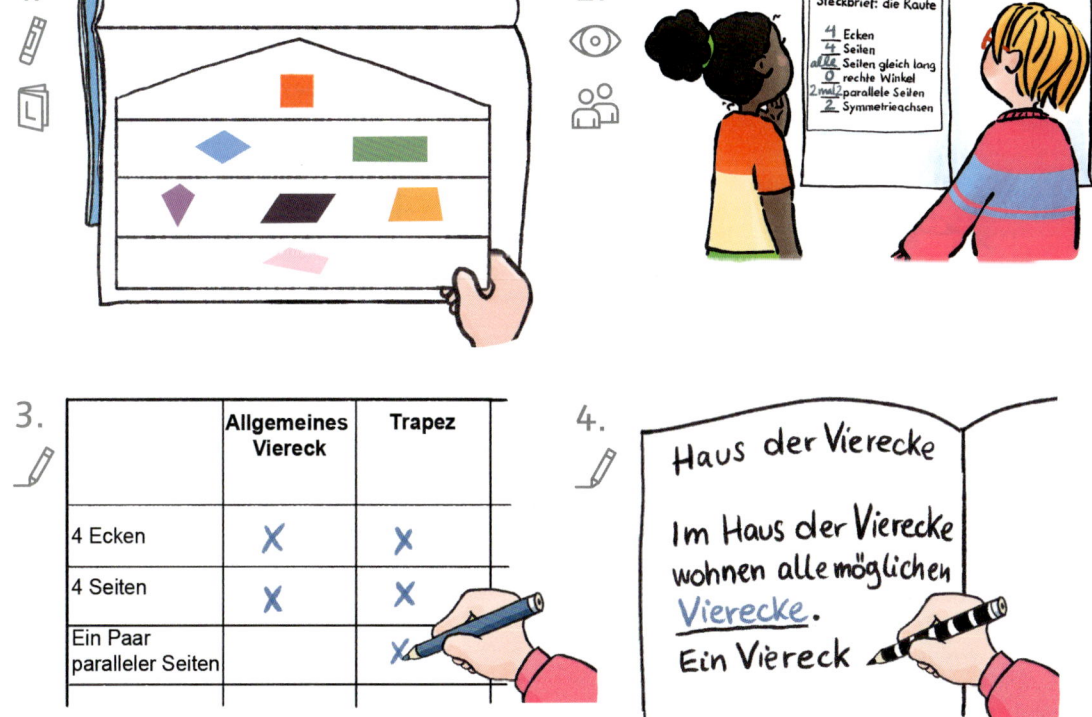

Nach Nr. **2.** folgt eine Zwischenreflexion.

 Warum sind die Vierecke so im Haus angeordnet? Was haben die Vierecke in einer Etage gemeinsam? Warum steht das Quadrat ganz oben?

💬

Wie zeichnest du mit dem Zirkel einen Kreis?

Griff

Feststellrad

Schenkel

Einstechspitze

Bleistiftmine

1. ✂️✏️ 📖
Ich markiere den Mittelpunkt M. Dort steche ich die Spitze des Zirkels ein.

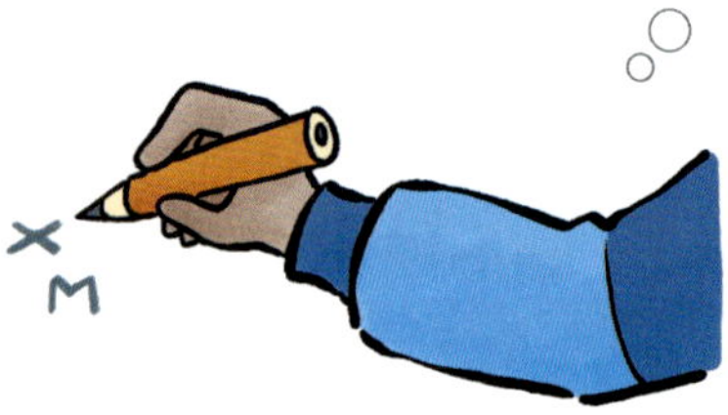

2. ✂️✏️
Ich fasse den Zirkel am Griff mit einer Hand an. Ich halte den Zirkel leicht schräg.

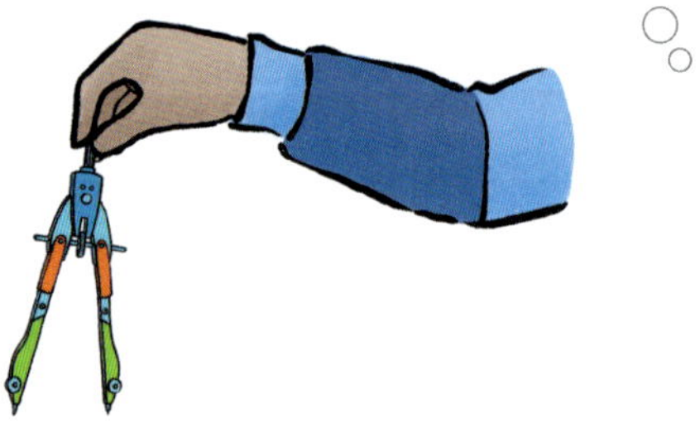

3. ✂️✏️ 📖
Ich drehe den Zirkel so, dass die Bleistiftmine einen Kreis zeichnet.

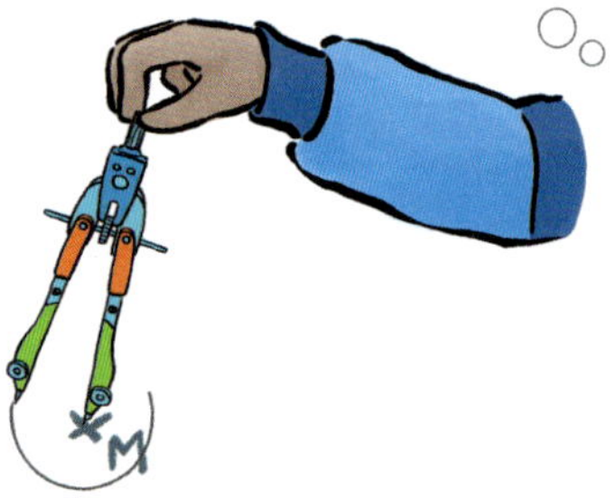

4. ✂️✏️ 📖
Ich zeichne verschiedene Kreise.

❓ Ist dir das Zeichnen mit dem Zirkel leicht-/schwergefallen? Warum? Hast du Tipps für das Zeichnen mit dem Zirkel?

Radius und Durchmesser

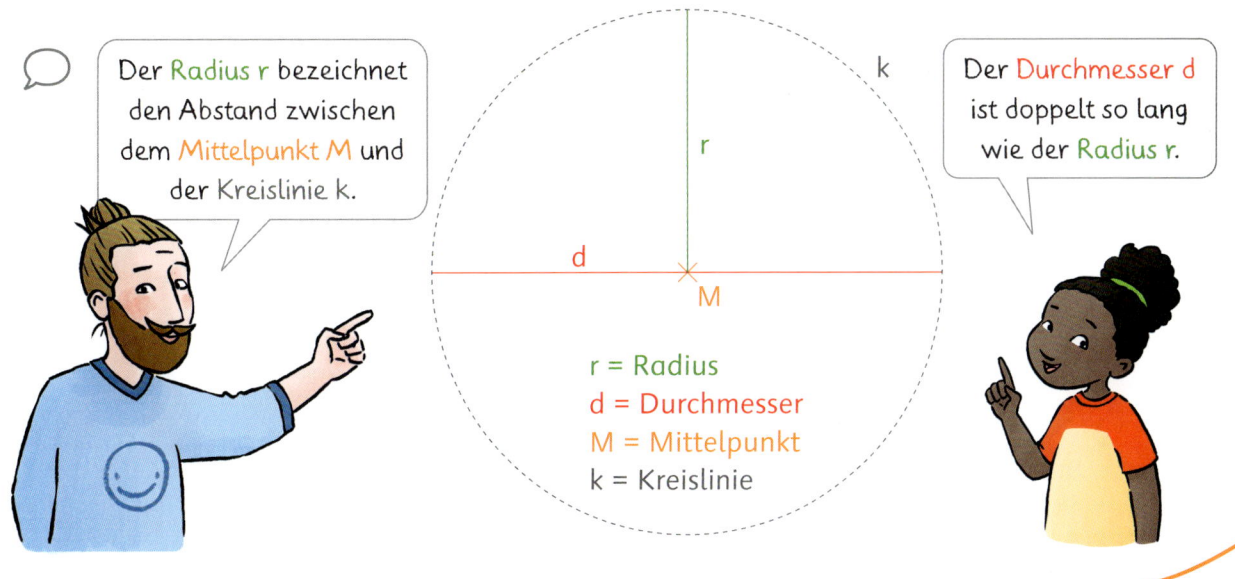

Der Radius r bezeichnet den Abstand zwischen dem Mittelpunkt M und der Kreislinie k.

Der Durchmesser d ist doppelt so lang wie der Radius r.

k

r = Radius
d = Durchmesser
M = Mittelpunkt
k = Kreislinie

1.

STATION 1
Kreis mit Radius r = ___ cm zeichnen

STATION 2
Radius (r) und Durchmesser (d) bestimmen

STATION 3
Muster nachzeichnen

2.

Ich stelle den Zirkel mithilfe des Geodreiecks auf einen Radius r=3 cm ein.

3.

Ich markiere den Mittelpunkt M. Dort steche ich den Zirkel ein und zeichne einen Kreis.

4.

Ich zeichne eine Strecke vom Mittelpunkt bis zur Kreislinie und trage den Radius r ein. Dann trage ich den Durchmesser d ein.

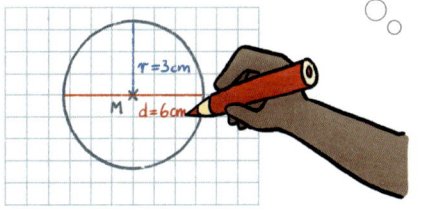

Was ist der Unterschied zwischen dem Radius und dem Durchmesser?

_____

1.–4. Stationenarbeit.

Sachaufgaben schrittweise lösen B S. 74–75

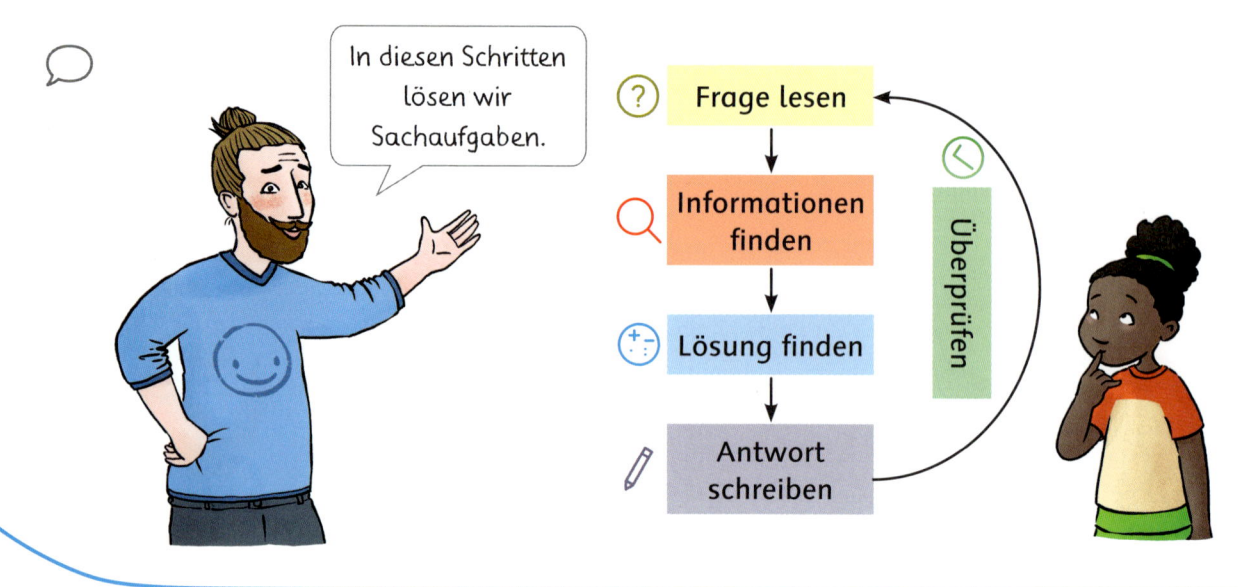

1. Frage lesen / Informationen finden

Ich lese die Frage und markiere dazu passende Informationen.

Sachaufgabe
Frage:
Was kostet ... ?

2. Lösung finden

Ich löse mithilfe einer Rechnung, Skizze oder Tabelle.

Sachaufgabe
Frage:
Was kostet ... ?

Antwort:

3. Antwort schreiben

Ich schreibe einen Antwortsatz zu der Frage.

Sachaufgabe
Frage:
Was kostet ... ?

Antwort:
Die Gesamtk
betragen

4. Überprüfen

Sind alle Schritte erledigt?

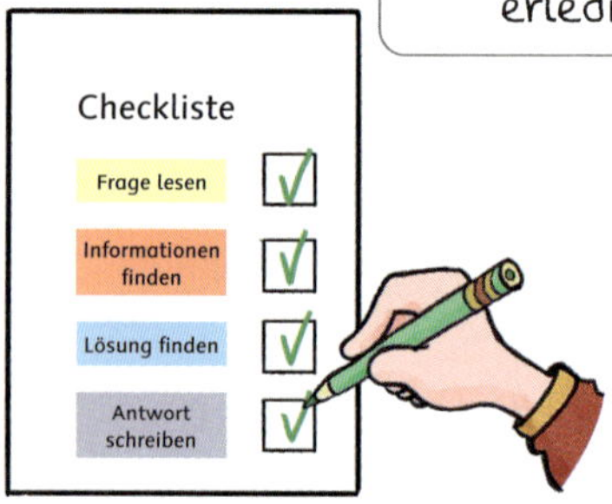

Checkliste
Frage lesen ✓
Informationen finden ✓
Lösung finden ✓
Antwort schreiben ✓

Hast du alle Schritte zum Lösen von Sachaufgaben beachtet?
Hast du für die Lösung eine Rechnung, Tabelle oder Skizze genutzt?

Vermischte Sachaufgaben

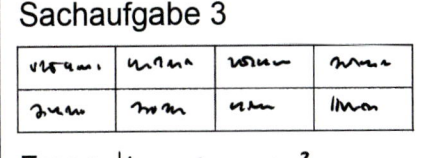

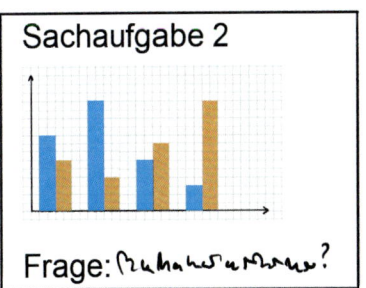

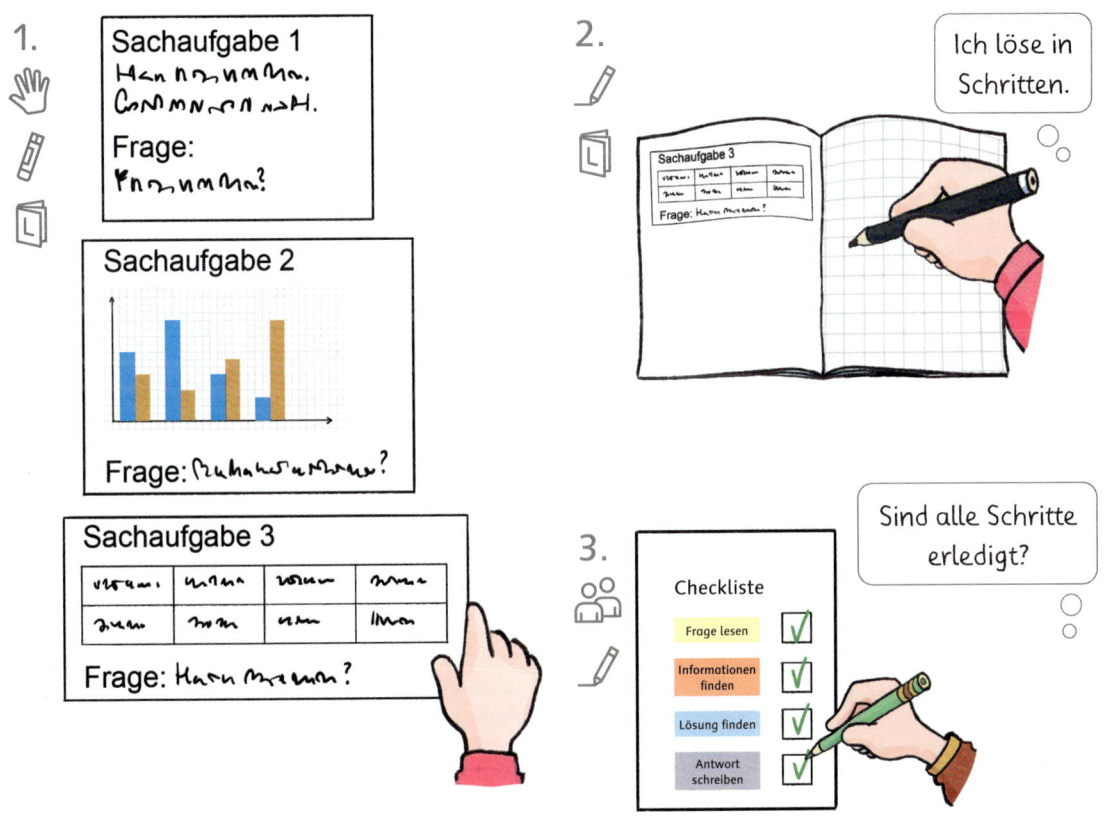

1.

Sachaufgabe 1

Frage:

Sachaufgabe 2

Frage:

Sachaufgabe 3

Frage:

2.

Ich löse in Schritten.

Sachaufgabe 3

Frage:

3.

Sind alle Schritte erledigt?

Checkliste

- Frage lesen ✓
- Informationen finden ✓
- Lösung finden ✓
- Antwort schreiben ✓

Hast du alle Schritte zum Lösen von Sachaufgaben beachtet?
Ist dir das Lösen der Sachaufgabe leicht-/schwergefallen?

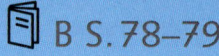
Bei einer gelungenen Sachaufgabe müssen alle Merkmale erfüllt sein.

Ich frage nach Anzahlen und Größen wie Geld, Gewicht, Längen, Zeit.

Am Ende prüfe ich die Sachaufgabe.

Die Sachaufgabe hat eine mathematische Frage. ✓

Ich habe alle Informationen, um die Frage beantworten zu können. ✓

Ich kann die Aufgabe mathematisch (Rechnung, Tabelle, Skizze) lösen. ✓

mathematische Frage	alle Informationen	mathematische Lösung

1.

Sommerrodelbahn
Einzelfahrt: 5,00 €
3-Fahrten-Ticket: 12,00 €

Die Kinder der Klasse 4c machen einen Ausflug zur Sommerrodelbahn. Was kostet es, wenn alle Kinder einmal fahren?

mathematische Frage	alle Informationen	mathematische Lösung
✓	✗	

Ich verbessere die Aufgabe.

2.

...delbahn
E... ...irt: 5,00 €
3-... ...ten-Ticket: 12,00 €

Die 26 Kinder der Klasse 4c machen einen Ausflug zur Sommerrodelbahn. Was kostet es, wenn alle Kinder einmal fahren?

3.

$26 = 8 \cdot 3 + 2$

$8 \cdot 12€ = 96€$

$2 \cdot 5€ = 10€$

$96€ + 10€ = 106€$

Antwort:
Eine Fahrt für alle 26 Kinder der 4c kostet insgesamt 106 Euro.

 Erfüllt die Sachaufgabe alle Merkmale?
Was hast du verbessert?

Eigene Sachaufgaben erstellen

B S. 80–81
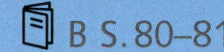

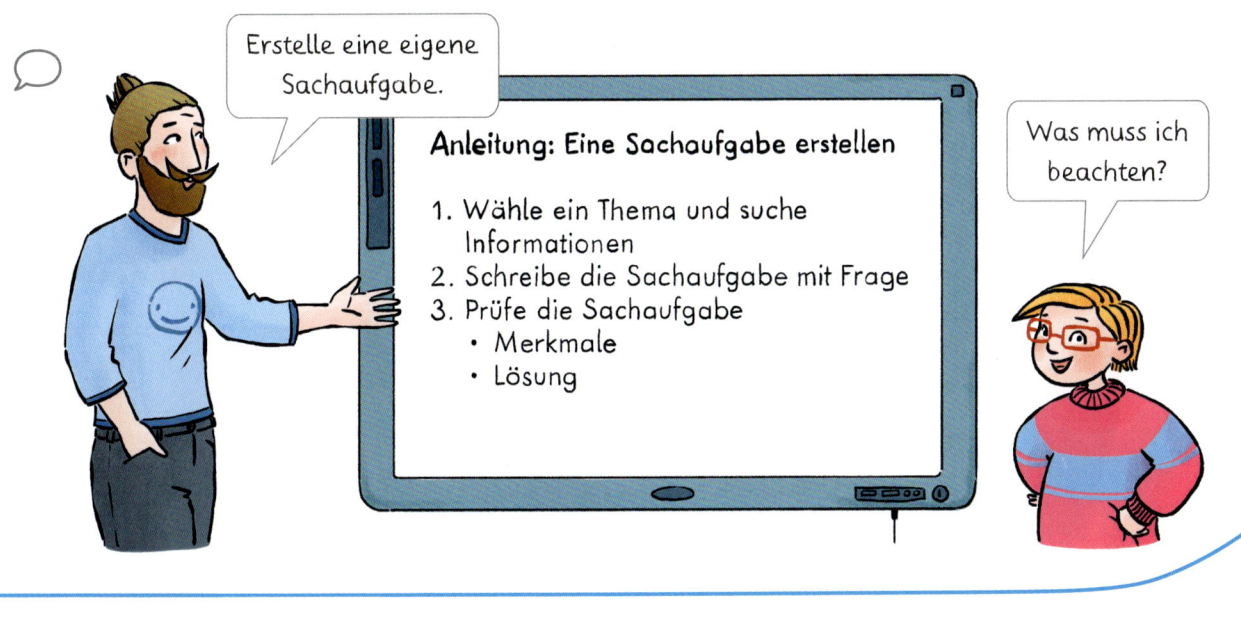

 Welche Sachaufgabe hat dir besonders gut gefallen? Warum?
Hast du Tipps?

1.–4. mit vorgegebenem Thema; in der 2. Arbeitsphase wählen die SuS ein eigenes Thema.

Flächeninhalt (cm²)

B S. 82

Der Flächeninhalt ist die Fläche, die von den Seiten des Rechtecks eingeschlossen wird.

Ein Einheitsquadrat ist 1 cm • 1 cm groß.

der Flächeninhalt A
der Quadratzentimeter cm²
1 cm · 1 cm = 1 cm²

In das Rechteck passen 6 Einheitsquadrate. Das sind 6 cm².

1.

2.

1, 2, 3, …, 12.

3. Wie kann ich den Flächeninhalt von Rechtecken ohne Zählen bestimmen?

4. In einer Reihe sind 4 Einheitsquadrate. Ich habe 3 Reihen.

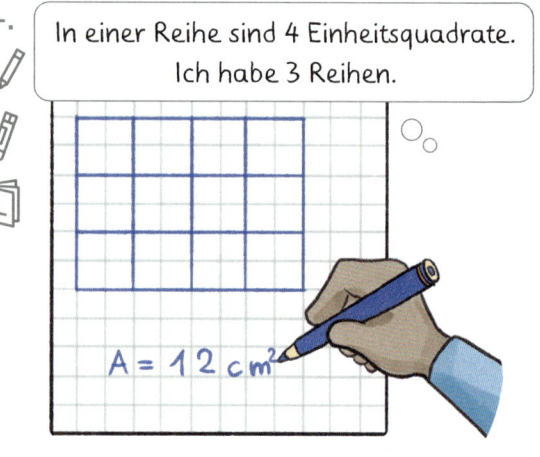

A = 12 cm²

Wie kannst du den Flächeninhalt von Rechtecken berechnen?

Der Umfang ist die Länge aller Seiten.

Ich zähle 12 Streichhölzer.

Ich lege den Umfang mit Streichhölzern.

der Umfang U

1.

2 Kästchen sind 1 cm. Ich markiere abwechselnd rot und blau.

2.

1, 2, 3, …, 10.

$U = 10\,cm$

3.

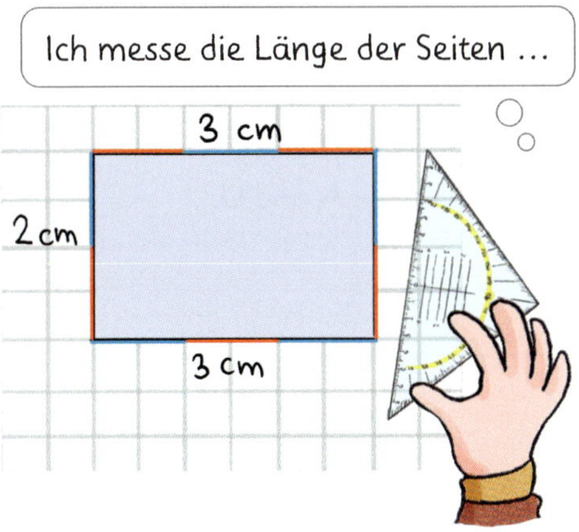

Ich messe die Länge der Seiten …

3 cm
2 cm
3 cm

4.

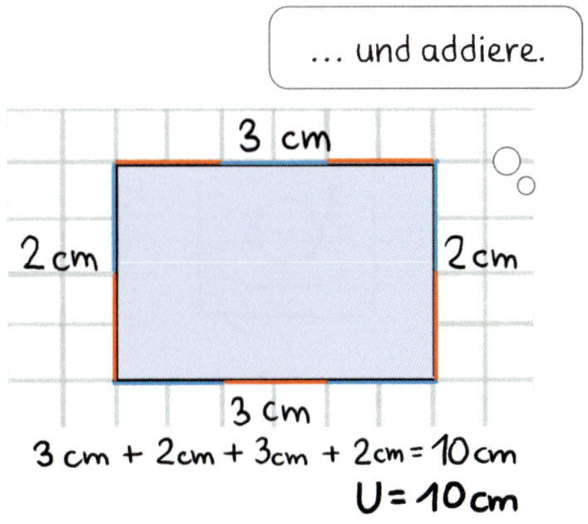

… und addiere.

3 cm
2 cm   2 cm
3 cm

$3\,cm + 2\,cm + 3\,cm + 2\,cm = 10\,cm$
$U = 10\,cm$

 Wie hast du den Umfang bestimmt?

Nach Nr. **2** folgt eine Zwischenreflexion.

Wie habt ihr geschätzt, wie gemessen? Wie seid ihr vorgegangen?

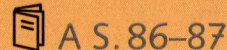

Vergleiche Flächeninhalt und Umfang beider Rechtecke. Was fällt dir auf?

A: $3\,cm \cdot 4\,cm = 12\,cm^2$

U: $3\,cm + 4\,cm + 3\,cm + 4\,cm = 14\,cm$

A: $2\,cm \cdot 6\,cm = 12\,cm^2$

U: $2\,cm + 6\,cm + 2\,cm + 6\,cm = 16\,cm$

1.

Fläche	Seitenlänge a	Seitenlänge b	Flächeninhalt (cm²)	Umfang (cm)

2.

Fläche	Seitenlänge a	Seitenlänge b	Flächeninhalt (cm²)	Umfang (cm)

3.

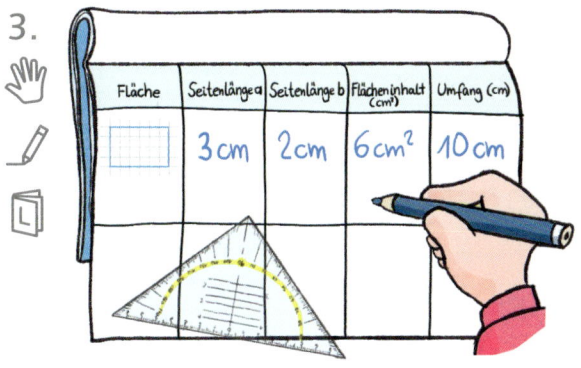

Fläche	Seitenlänge a	Seitenlänge b	Flächeninhalt (cm²)	Umfang (cm)
	3 cm	2 cm	6 cm²	10 cm

Haben Flächen mit gleichem Flächeninhalt auch den gleichen Umfang?

Tabelle so anlegen, dass ausreichend Platz für die Rechtecke ist.

Daten brauchen Speicherplatz auf dem Tablet.

Manche Daten benötigen mehr Speicherplatz als andere.

Einstellungen
Speicher
2.24,81 GB belegt   Insgesamt 512 GB

Videos	100,08 GB
Apps	81 GB
System	22 GB
Bilder	20,5 GB
Audios	650 MB
Spiele	576 MB
Dokumente	0 B

das Byte – B
das Kilobyte – KB
das Megabyte – MB
das Gigabyte – GB

1.

Wie groß ist ein Foto?

Wie groß ist ein Foto?

2.

Wo finde ich die Dateigröße?

4,15 MB   3,7 MB   2,9 MB

Samstag, 27 April

5,15 MB   4,3 MB   3,2 MB

3.

Wie groß ist ein Foto?

Das Foto mit dem Ballon ist 5,15 MB groß.

Warum benötigt ein Video mehr Speicherplatz als ein Foto?

Umrechnen

> Die Umrechnungszahl ist 1024.
> Aber ich überschlage und rechne mit 1000.
> Das ist einfacher.

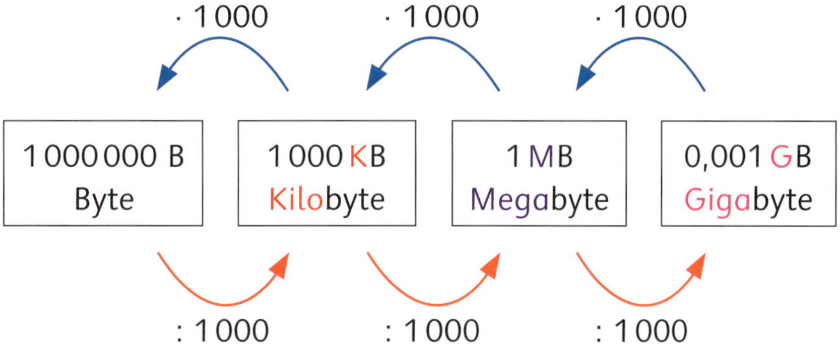

· 1000	· 1000	· 1000

1 000 000 B Byte	1 000 KB Kilobyte	1 MB Megabyte	0,001 GB Gigabyte

: 1000	: 1000	: 1000

1.

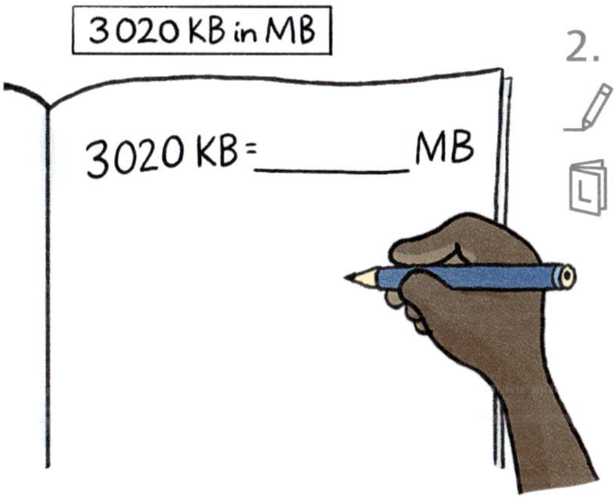

3020 KB in MB

3020 KB = _____ MB

2.

3020 KB = 3,020 M

3.

KB	1 MB	100 KB	10 KB	1 KB	MB
3020	3	0	2	0	3,020

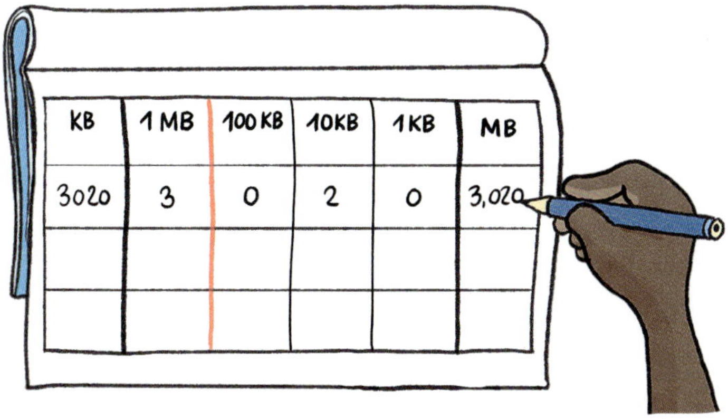

 Worauf musst du beim Umrechnen achten?

1.–2. Arbeitsauftrag 1. 3. Arbeitsauftrag 2.

Wie viel Speicherplatz ist belegt? Wie viel frei?

Von 512 GB Speicherplatz sind 224,81 GB belegt. Frei sind also noch …

Einstellungen
Speicher
224,81 GB belegt   insgesamt 512 GB

Videos	100,08 GB
Apps	81 GB
System	22 GB
Bilder	12,5 GB
Audios	650 MB
Spiele	576 MB
Dokumente	0 B

1.

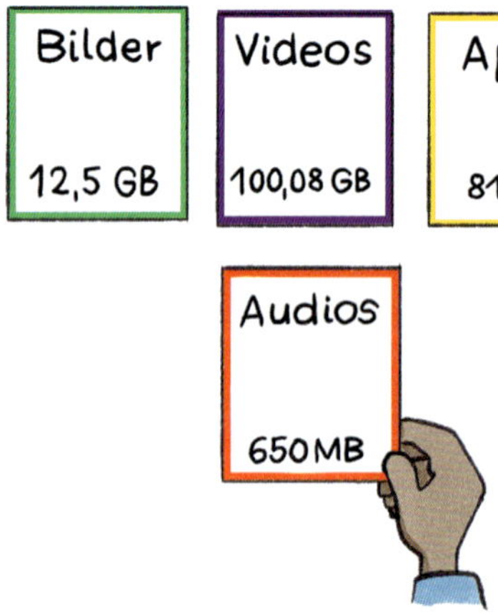

Bilder	Videos	Apps
12,5 GB	100,08 GB	81 GB

Audios
650 MB

2. Muss ich vor dem Addieren umrechnen?

3. Wie viel Speicherplatz ist belegt?

```
   Belegt
     12,50   GB
+ 100,08   GB
+   81,00   GB
+     0,65   GB
  1
  194,15   GB
```

4. Von 512 GB Speicherplatz sind ungefähr 318 GB frei.

```
   Frei
   512,00   GB
- 194,15   GB
   1 1 1 1
   317,85   GB
```

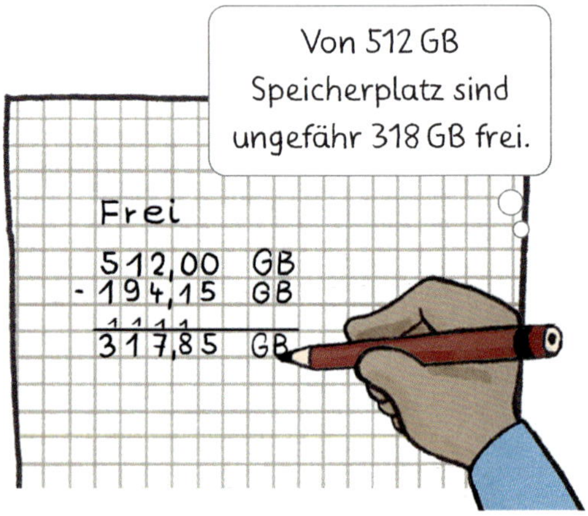

Wie hast du gerechnet?
Was würdest du auf deinem Gerät löschen, wenn der Speicherplatz voll ist?